Gustav von Schulthess-Rechberg

Luther, Zwingli und Calvin
in ihren Ansichten über das Verhältnis von Staat und Kirche

SEVERUS

von Schulthess-Rechberg, Gustav: Luther, Zwingli und Calvin in ihren Ansichten über das Verhältnis von Staat und Kirche
Hamburg, SEVERUS Verlag 2014
Nachdruck der Originalausgabe von 1909.

ISBN: 978-3-86347-859-9

Druck: SEVERUS Verlag, Hamburg, 2014

Bibliografische Information der Deutschen Nationalbibliothek:
Die Deutsche Nationalbibliothek verzeichnet diese Publikation in der Deutschen Nationalbibliografie; detaillierte bibliografische Daten sind im Internet über http://dnb.d-nb.de abrufbar.

© **SEVERUS Verlag**

http://www.severus-verlag.de, Hamburg 2014
Printed in Germany
Alle Rechte vorbehalten.

Der SEVERUS Verlag übernimmt keine juristische Verantwortung oder irgendeine Haftung für evtl. fehlerhafte Angaben und deren Folgen.

Gustav von Schulthess-Rechberg

Luther, Zwingli und Calvin

in ihren Ansichten über das
Verhältnis von Staat und Kirche

Einleitung

Gustav von Schulthess-Rechberg wurde am 27.04.1852 in Zürich geboren. Er war evangelischer Theologe, der zeitlebens in Zürich tätig war. Nur wenig ist über den Theologen zu erfahren, vielleicht weil sein Wirkungsbereich vor allem in der Schweiz lag.

Nach dem Abitur studierte er Theologie und arbeitete ab 1878 als Pfarrer. Doch schnell zog es ihn an die Universität Zürich, wo er ab 1885 als Privatdozent tätig war. 1890 erhielt er eine Professur für Systematik; außerdem wirkte Schulthess-Rechberg siebzehn Jahre als Kirchenrat (1899–1916). 1900 wurde ihm der Ehrendoktortitel der Theologie von der Universität Zürich verliehen und er war zwölf Jahre Präsident des Freien Gymnasiums in Zürich (1900–1912). Im Jahr 1908 schrieb Schulthess-Rechberg dieses Werk. Er erhielt den Doktortitel für weltliches und kanonisches Kirchenrecht.

Schulthess-Rechberg befasst sich mit den drei großen Reformatoren Martin Luther, Ulrich Zwingli und Jean Calvin. Im Zentrum seiner Betrachtungen stehen vor allem die Persönlichkeiten der Reformatoren, denn Schulthess-Rechberg ist davon überzeugt, dass diese erheblich zu den jeweiligen reformatorischen Bewegungen beigetragen haben. So beschreibt er in seiner Arbeit zuallererst die Lebensläufe der Reformatoren. Dabei betont er die Tatsache, dass die Handlungs- und Denkweisen der Reformatoren notwendigerweise Wandlungen unterworfen waren:

> „Ueberall haben sich die Reformatoren den Verhältnissen anpassen müssen. Selten fiel bei ihnen Gewolltes und Erreichtes zusammen. Je nach den äußeren Umständen musste bald dieser, bald jener Weg eingeschlagen werden. Stabil waren lediglich die Vorschriften der Bibel und der Charakter der einzelnen Männer, alles andere, sogar ihre Denkungsweisen, war Wandlungen unterworfen."

In einem nächsten Schritt erläutert Schulthess-Rechberg die Auffassungen der Männer zum Staat – bevorzugte Staatsform, Stellung des Untertanen und Stellung der Reformatoren im Staat – und danach die Einstellungen zur Kirche und deren Aufgaben, sowohl im diakonischen Bereich – Schule, Fürsorge für Arme und Kranke – als auch zur sittlichen Lebensweise.

Für Schulthess-Rechberg war **Martin Luther** *der* Reformator Deutschlands. Luther hatte es am schwersten, denn er musste noch für vieles kämpfen, was später vor allem für Calvin bereits gegeben war. Luther war nach Schulthess-Rechberg „ein Mann aus dem Volk", der aber kein wirkliches Staatssystem erdacht hatte. Er unterstellt Luther „Unentschlossenheit und Planlosigkeit". Luther ging es vor allem um das Individuum und sein Verhalten im Alltag, meint der Autor, nicht um eine durchdachte Staatsform. Er trennte Staat und Kirche voneinander. Trotzdem, oder gerade deshalb, war für Luther ein Mensch zugleich Christ und Bürger, unabhängig von der Staatsform, in der er lebte. So unterwies Luther jeden Menschen der von Gott eingesetzten Obrigkeit, auch wenn diese sich nicht christlich verhielt:

> „Luthers Kirche lehrt ihre Angehörigen Gleichgültigkeit in Staatsdingen, sie unterweist sie darin, solch weltlichen Dingen keinen Wert beizumessen, sondern auch unter einer schlimmen Obrigkeit getrost auszuharren."

Als in Zürich geborener Schweizer ist bei Schulthess-Rechberg eine deutliche Sympathie für den in Zürich wirkenden Reformator **Ulrich Zwingli** zu spüren. Er sei „ein Mann mit warmem Herzen für sein Volk" gewesen. Nur er habe es geschafft, das richtige Verhältnis zwischen Staat und Kirche zu schaffen:

> „Weil Zwingli einsah, dass zur Erlangung eines sittlich hohen Niveaus die Mithülfe der Kirche, wie des Staates unentbehrlich seien, sobald diese im Sinne Christi arbeiteten, sorgte er stets dafür, dass beide Kräfte miteinander auskamen, ja sich gegenseitig unterstützten. Bei Zwinglis Reformation allein lässt sich von Staat und Kirche sagen, dass sie parallel und unabhängig voneinander arbeiteten, weniger die Förderung des Reiches Gottes, als eine menschliche Wohlfahrt auf Grund der heiligen Schrift im Auge."

Zwingli gilt vielen als der Begründer des „Staatskirchentums", bei ihm gab es keine Trennung zwischen Staat und Kirche, sondern eine fruchtbare Verzahnung der jeweiligen Arbeit. Dennoch muss Schulthess-Rechberg einräumen, dass die Zusammenarbeit zu einem erheblichen Teil in der Person Zwinglis begründet war, weshalb diese nach seinem Tod nicht ohne Probleme weiter geführt werden konnte.

Der in Frankreich geborene, aber in Genf wirkende **Jean Calvin** wird von Schulthess-Rechberg eher negativ dargestellt. Er trat deutlich später als Luther und Zwingli in die Reformation ein. Eher auf Druck von außen wurde er in Genf tätig. Schnell aber wurde klar, dass sich sein Wirken nicht auf Genf beschränken sollte, sondern auf die gesamte Christenheit ausgerichtet war. Calvin führte ein strenges „von Kirche und Obrigkeit getragenes Kirchenregiment", seine gewählte Staatsform war eine „Theokratie":

> „Einzig Calvins Kirche verzichtet darauf, im Frieden mit dem Staate auszukommen, um den Preis der Selbständigkeit. Sie siegt nach einer Aufwendung aller ihrer Kräfte."

Calvin blieb zeitlebens ein Fremder in der Stadt. Sein Herz schlug nicht für das Volk, ihm ging es vor allem um die Durchsetzung seiner reformatorischen Vorstellungen. Dadurch unterschied er sich deutlich von Luther und Zwingli.

Schulthess-Rechberg erkennt aber bei aller Einflussnahme der einzelnen Charaktere der Reformatoren auf die Ereignisse der Reformation, dass „das unmittelbare Verhalten der Obrigkeit" einen nicht unerheblichen Anteil am jeweiligen Ablauf des Geschehens genommen hat:

> „Die Zürcher Regierung förderte das Reformationswerk vom ersten Tage an, die sächsische ließ es gewähren, und die Genfer hemmte es: alle drei Regierungen haben damit die Stellung vorgezeichnet, die sie nach der Neuordnung der Dinge einnehmen sollten."

Mit diesem Buch liegt eine informative Einführung in das Wirken der drei großen Reformatoren Luther, Zwingli und Calvin vor. Schulthess-Rechberg gelingt es, die Persönlichkeiten der Männer mit ihren Ansichten zu Staat und Kirche zu verknüpfen. Zusätzlich gewährt Schulthess-Rechberg einen Einblick in die Ereignisse des 16. Jahrhunderts mit seinen kirchlichen und staatlichen Umbrüchen.

Christiane Beetz

Christiane Beetz, geb. 1965 in Hamburg, studierte Germanistik, Religionswissenschaft und Alte Geschichte. Nach einigen Jahren im Buchhandel arbeitet sie jetzt als Lektorin. Außerdem ist sie ausgebildete Prädikantin und schreibt freiberuflich für die „Evangelische Zeitung".

Inhalt.

	Seite
Literatur	VII
Vorwort	XI
Luther	1
Zwingli	9
Calvin	36
Der Staat	56
Die Staatsformen	77
Der Untertan	81
Die Stellung der Reformatoren im Staate	92
Die Kirche	99
Der Geistliche	105
Die Schule	119
Die Fürsorge für Arme und Kranke	126
Das Kirchengut	130
Die Sittenzucht	134
Die Ehe	155
Die Büchercensur	159
Die Toleranz	161
Staat und Kirche	165
Namen- und Sachregister	183

VORWORT.

Aemilius L. Richter sagt in seiner „Geschichte der evangelischen Kirchenverfassung in Deutschland", S. 62: „Die Aufgabe, der wir uns zuwenden (die Besprechung der christlichen Obrigkeit), bietet deshalb mancherlei Schwierigkeiten, weil in den Aussprüchen der Reformatoren über das Regiment Bedingtes und Unbedingtes, irenische Auffassungen und gestaltende Grundsätze, kanonische Terminologie und spezifisch evangelische Begriffe in der buntesten Mannigfaltigkeit durcheinander laufen."

Diese Bemerkung trifft in erhöhtem Masse für unsere Arbeit zu.

Ueberall haben sich die Reformatoren den Verhältnissen anpassen müssen. Selten fiel bei ihnen Gewolltes und Erreichtes zusammen. Je nach den äusseren Umständen musste bald dieser, bald jener Weg eingeschlagen werden. Stabil waren lediglich die Vorschriften der Bibel und der Charakter der einzelnen Männer, alles andere, sogar ihre Denkungsweise, war Wandlungen unterworfen.

Das Ziel der vorliegenden Arbeit ist, aus dem Wesen und der Eigenart der Reformatoren, wie es sich in ihren Werken spiegelt, heraus ihre Ansichten über das Verhältnis von Staat und Kirche zusammenzustellen und zu vergleichen.

Die Arbeit erhebt nicht den Anspruch, erschöpfend zu sein. Bei Luther, Zwingli und Calvin hätten sich feinere Unterscheidungen oder weiter abliegende gemeinsame Merkmale beliebig vermehren lassen. Allein mit den Ergebnissen von Augenblicksstimmungen oder von zufälligen Konstellationen der äusseren Verhältnisse konnte man sich nicht abgeben. Eine beschränkte Anzahl von ausgewählten Stellen genügte, um die wesentlichen Eigentümlichkeiten der drei Männer zu charakterisieren. Dieselben klar hervorzuheben, betrachtete der Verfasser als seine Hauptaufgabe. Darin unterscheidet sich die Arbeit von den meisten andern über ähnliche Fragen, die alle mehr oder weniger den Einfluss der Persönlichkeit des Reformators ignorieren zu können glauben.

Aus diesem Grunde war die Verwendung der juristischen Terminologie und kirchen- und staatsrechtlicher Begriffe, die sonst die einschlägige Literatur beherrschen, fast vollständig ausgeschlossen und es legte der Verfasser Gewicht darauf, auch bezüglich der Art der Darstellung zu zeigen, dass er hauptsächlich auf den Werken der Reformatoren schöpfte. Durch die üblichen Schlagworte, wie „Theokratie, Staatskirche, Trennung von Staat und Kirche, landesherrliches Kirchenregiment u. s. f." kann die Eigenart der einzelnen Reformatoren unmöglich zum Ausdruck gebracht werden,[1]) ganz besonders sind sie zum Vergleiche ungeeignet, bedeuten sie doch, auf das einzelne Reformationswerk angewandt, ganz verschiedenes.

Das Fazit der Arbeit ist vom juristischen Standpunkte aus ein recht geringes. Die Reformation war zu sehr eine religiöse, war zu sehr gegen die katholische Kirche mit ihren starren Rechtsnormen gerichtet. Viel mehr als juristische, verlangte sie diplomatische und politische Begabung.

Allerdings zeigt die Geschichte Genfs, dass Calvin, der streng konsequent vorgehende Jurist, sein Ziel trotz der grössten Schwierigkeiten erreichte, allein dadurch, dass er eben nach der Art der katholischen Kirche, durch das Recht die Einführung und richtige Ausübung seiner Lehre sichern wollte, verknöcherte das religiöse Leben der Genfer Reformation vollständig. Das Beispiel Calvins zeigt daher, wie wenig eine richtige Auffassung und Durchführung ihrer Aufgaben, den Reformatoren Gelegenheit zu juristischen Erörterungen und Studien geben durfte.

Anderseits zeigt das Beispiel Zwinglis, wie weit Elastizität und politischer Weitblick dem Reformationswerk förderlich sein konnten. —

---

[1]) Interessante Gegenüberstellungen bei Roget S. 83.

Martin Luther.

Jene günstigen Begleitumstände, welche — wie man sehen wird — die Zürcher und Genfer Reformation unterstützten, fehlen bei der deutschen vollständig, sie ist sozusagen die am wenigsten vorbereitete. Sie geht unmittelbar aus Luthers Persönlichkeit hervor und trägt ganz und gar die Züge seines Wesens. Niemand war da, der korrigierte, hemmte oder anspornte, ohne jede äussere Anlehnung schritt der Reformator vorwärts, allein auf die Bibel gestützt.

Nun war Luther nicht der Mann, der sich ein System ausdachte, oder die möglichen Folgen seiner Massnahmen sorgfältig erwog, ehe er handelte. Er war eine durchaus impulsive Natur. Die Widersprüche in seinen Aeusserungen, die Missgriffe, die ihm begegneten, seine subjektive Ausdrucksweise mit Ausfällen und Kraftworten sind ein beredtes Zeugnis dafür.

Luthers Ansichten über das Verhältnis von Kirche und Staat[1]) finden sich vornehmlich in Streitschriften, Predigten, Briefen niedergelegt, wo sie zumeist eine tendenziöse Färbung tragen. Objektive, sachliche und zusammenhängende Erörterungen über die an ihn herantretenden rechtlichen Fragen sind selten.

Ein Gegengewicht gegen sein impulsives Wesen bildeten seine Wahrheitsliebe und sein unbedingtes Gottvertrauen, jene grossen geistigen Kräfte, die ihn in erster Linie zum Reformationswerk drängten und ihn auch befähigten, es durchzuführen. An unzähligen seiner Werke spricht er mit Abscheu von der römischen Gleisnerei und wie oft, wenn er Massregeln trifft oder Räte erteilt, deren Folgen unsicher sind, fügt er bei: „Gott wird schon sorgen!" Er bleibt vor keinem Problem stehen, denn

---

[1]) Cf. z. B. De Wette II. 382.

es gibt in allen Dingen eine Wahrheit, wo er aber nur eine halbe Lösung findet, gibt er sich im Vertrauen auf Gott zufrieden. Wo es sich um Aufgaben rechtlicher oder organisatorischer Natur handelt, ist Idealismus eine unvollkommene Ausrüstung, anderseits hat diese Stimmung den Vorzug, dass sie nicht den Buchstaben, sondern den Geist betont. So erklärt es sich, dass Luthers Reformation speziell auf dem Gebiet des Staatskirchenrechts eine grosse Elastizität und Anpassungsfähigkeit zeigt, wodurch sie sich besonders von derjenigen Calvins auszeichnet.

Luther war ein vollbewusster Deutscher, ein echter Patriot. Auch dieser Charakterzug ist für seine kirchenrechtlichen Anschauungen von Bedeutung. Das schwache, hilflose Reich einerseits und der verderbliche Einfluss aus Welschland anderseits haben seinen Spott und Zorn unendlich oft herausgefordert. Gegen den Kaiser bricht er oft in grobe Beschimpfungen aus wegen seiner Schwäche und für die Grossen des Reiches kennt er keine Schonung.

Ein geordnetes Staatswesen ist nach Luther die notwendige Voraussetzung befriedigender, öffentlicher Zustände. Er denkt sich ein solches absolutistisch, ist er doch politisch in höchstem Masse konservativ gesinnt. So kam es auch, dass er im Bauernkrieg sofort die Partei der Fürsten ergriff, er, der mit Stolz auf seine bäuerliche Abstammung hinwies und der doch bei anderer Gelegenheit an den Fürsten kein gutes Haar liess.

Die strenge Zucht des Elternhauses und des Klosters hat in Luthers Wesen Spuren hinterlassen, die auch in seinen sittlichen und rechtlichen Urteilen zum Ausdruck kommen. Er zeigt in einzelnen Fällen ein ängstliches Beharren bei alten Missständen, welches sich nicht aus seiner konservativen Neigung allein erklärt. Vielmehr wird man dabei an die Forderungen der Demut, Unterwürfigkeit und des Gehorsams bis zum Erdulden von Mühsalen erinnert, welche er an den Christen stellt. Kaum dass er ihm das Recht zur Kritik einräumt. Der Mönchsgehorsam, verbunden mit seinem Konservativismus, hält ihn lange bei mancher römischen Aeusserlichkeit fest, zu deren Abschüttelung nichts fehlte, als ein rascher Entschluss, und verleitete ihn zu Kompromissen, die sein Werk nur verwickelten und hemmten. Wie kein anderer unter den Reformatoren war Luther ein Mann aus dem Volke. Er repräsentiert seinem ganzen Wesen nach den Untertanen, die grosse Masse. So trägt auch sein ganzes Reden und Wirken das Gepräge des Volkstümlichen. In seiner Schreibweise ist er konkret anschaulich, er wählt Beispiele, die jedermann versteht und meidet alles bloss Gelehrte, Doktrinäre.

Luther hat die Reformation der Kirche nicht aus eigener Machtvollkommenheit durchgeführt, sondern gestützt auf die Autorität der heiligen Schrift. In der Bibel erkannte er die einzige vollgenügende Richtschnur für des Christen Glauben und Leben, vor ihr sollten auch die öffentlichen Verhältnisse bestehen können. Er belegt seine Ideen, soweit als möglich, mit Bibelstellen.[2]) Seine Werke bilden gewissermassen einen fortlaufenden Kommentar zur hl. Schrift. Gerade auch das gegenseitige Verhältnis des weltlichen und geistlichen Regiments wird in Luthers Darstellung, sowie bei den unter seinem Einfluss stehenden Kirchenordnungen in engem Anschluss an die Bibel festgestellt. Besonders scheint er zu billigen, dass Stadtmagistrate ihre Pflichten und Rechte aus ihr herleiten. Auch im Bauernkrieg spielten die biblischen Zitate eine grosse Rolle. Luther wandte sie an, um den Bauern ihr Unrecht zu beweisen, verbot ihnen jedoch, ihre Forderungen auf Bibelworte zu stützen. Stets war er bereit, den Fürsten auf Grund der heiligen Schrift den Weg zu zeigen, den sie nach Gottes Willen zu gehen hätten.

Dagegen war Luther nicht der Ansicht, dass die heilige Schrift bestimmt sei, Gesetzbuch für die Staaten zu werden. Sie sollte die Richtschnur sein für das Geistesleben und in der Hauptsache auch für die kirchlichen Angelegenheiten, aber nicht für die weltlichen Dinge. Insbesondere meinte er, dass das weltliche Gesetz nicht auf die Verhältnisse seiner Zeit übertragbar sei[3]): „Darumb lass man Mose der Juden Sachsenspiegel sein, und uns Heiden unverworren damit; gleichwie Frank-

---

[2]) Bezold S. 447, z. B. Erl. Ausg. 24, S. 212, 22. 44 ff. 63.
[3]) Erl. A. 29. 157.

reich den Sachsenspiegel nicht achtet, und doch in dem natürlichen Gesetze wohl mit ihm stimmet."·

Einmal berichtet er u. a. an Spalatin[4]): „Qui judicialia Mosi jactant, contemnendi sunt. Nos habemus nostra jura civilia, sub quibus vivimus. Sic nec Naeman Syrus, nec Hiob, nec Joseph neque Daniel neque ulli alii Judaei extra terram suam suas leges, sed gentium, inter quas erant, servaverunt. Leges Mosi solum Judaicum populum in loco, quem elegisset, ligabant, nunc liberae sunt: alioqui si judicialia servanda sunt, nulla est ratio, cur non circumcidamur quoque et omnia ceremonialia servemus."

Setzten die weltlichen Gesetzgeber dem kirchlichen Leben, wie es Luther wünschte, keine Schranken, richteten sie sich in ihren persönlichen Angelegenheiten nach der hl. Schrift, dann konnte die weltliche Gesetzgebung nicht wesentlich in die Irre gehen.

Luther war viel zu sehr Praktiker, als dass er sich die Erleichterungen, die die heilige Schrift der Gesetzgebung bot, nicht zu Nutze gemacht hätte. Besonders in den Fragen des Familienrechts finden wir deutliche und ausdrückliche Anlehnungen an sie. Aber daneben war er stets bemüht, Obrigkeit wie Untertanen auf die Existenzberechtigung der weltlichen Gesetze aufmerksam zu machen, im Gegensatz zu anderen Männern[5]) jener Zeit, die aus der Anerkennung der hl. Schrift als dem einzigen Gesetzbuche tiefgreifende Aenderungen der öffentlichen Sitte, z. B. das Zinsverbot, herleiten wollten.

Ausser der Bibel hat die Literatur des klassischen Altertums Luthers Gedankenwelt beeinflusst,[6]) gerade auch nach der rechtlichen Seite hin. Als Student hatte er die Klassiker eifrig studiert.

Notwendig war er mit Aristoteles, dem Vater der Scholastik vertraut.[7]) Luthers Schriften geben hievon reichlich Zeugnis,

---

[4]) De Wette II 489.
[5]) Z. B. Jakob Strauss bei Herzog 2. Aufl. XIX. 92 ff.
[6]) Cf. Schmidt.
[7]) Cf. Nitzsch.

besonders rufen die aristotelische Theologie und Philosophie seinen Spott hervor,[8]) auch ist er der Ansicht, der griechische Weise verdanke seinen Ruhm einzig der Vorliebe, welche Thomas von Aquino für ihn hatte. Dagegen hat er Anerkennung für seine politischen Anschauungen.[9])

Besonders hoch rechnet er ihm an — und das ist für die Folgezeit sehr wichtig,[10]) — dass Aristoteles nicht, wie die Scholastiker, politische und religiöse Gesichtspunkte vermengt habe, sondern beide Gebiete scharf auseinander halte[11]) „Aristoteles igitur, schreibt er (op. exeg. lat. XX, 48), in ethicis et de re publica item Xenophon, Plato, Cicero et alii, quamquam de republica praecore scripserunt, tamen veram efficientem et finalem causam non attingunt. Causam enim finalem optimam et praecipuam putant esse pacem politicam, honestum, gloriam, ect. Efficientem autem causam constituunt virum sapientem, seu prudentem magistratum, vel, ut ipsi loquuntur virum et civem bonum."

Erl. A. 16, 267: „In weltlichem Regiment gehet's zwar auch also zu, wie Aristoteles davon schreibt, dass etliche Leute sind mit grosser Weisheit und Verstand begnadet ... aber solche fliehen vor den Geschäften, dass man sie schwerlich zur Regierung kann bringen. Aber darnach sind andere, die wollens sein und thun und könnens doch nicht thun, die heisset man denn im weltlichen Regiment Naseweisen und Meister Klügel..."

Allein Luthers Lob über des Aristoteles Politik ist kein ungeteiltes. Praktisch ist, was Aristoteles schreibt, unnütz[12]): „sed sunt mera verba et manent verba, ad quae nihil sequitur."

Andere Klassiker, wie Plato, Cicero etc. werden von Luther nur beiläufig erwähnt und meist im Zusammenhang mit anderen Fragen.[13])

---

[8]) Erl. A. 7. 55. Exgop. lat. 16. 317. Cf. Nitzsch S. 35 ff.
[9]) Cf. op. vor arg. V. 338.
[10]) Cf. Rehm S. 34.
[11]) Cf. Nitzsch S. 30.
[12]) Exez. op. lat 21 134. f.
[13]) Cf. O. G. Schmidt.

Von nachhaltigem Einfluss auf Luthers Anschauungen über die Obrigkeit war unter den Kirchenvätern Augustin.[14]) Als Augustinermönch war Luther mit seinen Werken vertraut und dass es neben anderen auch kirchenpolitische Fragen waren, in denen der Verfasser der „Civitas Dei" ihn anregte, beweisen zahlreiche Verweise, die sich z. B. in den schmalkaldischen Artikeln finden. Gewisse staatskirchenrechtliche Spezialitäten Luthers erinnern bestimmt an Augustins Ansichten: Z. B. der Satz, dass die Christen ganz wohl unter einer heidnischen Regierung leben und ihrer Christenpflicht nachkommen können. Dieser Gedanke stimmt mit der ganzen Tendenz von Augustins Gottesstaat überein, der das Christentum von dem Vorwurfe befreien sollte, den Untergang des alten Rom herbeigeführt zu haben.[15]) Dementsprechend hebt auch Luther hervor, wie er seit Augustin der erste gewesen, der von der hohen Aufgabe und dem verantwortungsvollen Berufe der Obrigkeit geschrieben habe, welche deshalb vollen Anspruch auf Ehrfurcht verdiene.

Es ist denkbar, dass Anschauungen Augustins auch auf Umwegen zu Luther gekommen sind. Denn, wie vor ihm Augustin und nach ihm Luther, betont auch Thomas von Aquino die Existenzberechtigung, sogar die Nützlichkeit und göttliche Bestimmung der Obrigkeit.[16])

Von der Mitte des 13. bis zur Mitte des 14. Jahrhunderts finden wir eine reiche und weit verzweigte Literatur über das Verhältnis von Staat und Kirche.[17])

Bei Marsilius von Padua (1270-1342) erscheint die heilige Schrift als Richtschnur für Staat und Kirche in den Vordergrund gerückt. Er setzt grosse Hoffnungen auf ein allgemeines **christliches Konzil**. Die letzten Wurzeln von Staat und Kirche liegen nach ihm im Volke. Dem Staate überträgt er die Verwaltung und letzte Regelung der kirchlichen Angelegen-

---

[14]) Z. B. Köstlin I. S. 81 f. Kolde I. S. 87, II. 67. Erl. Ausg. 22, S. 85. u. s. w.

[15]) Civitas Dei V. 12 u. V. 17.

[16]) Seine Ausführungen über den Staat sind bei Baumann in übersichtlicher Weise zusammengestellt. Besonders bemerkenswert für uns sind die Seiten 167 bis 170, ferner 177—179.

[17]) Bei Riezler findet sich auf S. 299 ff. die Zusammenstellung derselben.

heiten und gestattet ihm ein weitgehendes Säkularisationsrecht. Ebenso beschäftigen ihn kirchenpolitische Fragen auf dem Gebiete der Ehe.

Die Vermählung Ludwigs v. Brandenburg mit Margarethe Maultasch bot dazu den Anlass. Marsilius schrieb den „Tractatus consultationis super divortio inter Johannem et Margaretham, celebrato per dominum Ludovicum IV imperatorem".

Eine ähnliche Schrift besitzen wir auch von Occam[18]): „Tractatus de jurisdictione imperatoris in causis matrimonialibus". Beide kommen darin überein, dass der Kaiser, bezw. die Staatsgewalt in Ehesachen allein kompetent sei. Ueber das gegenseitige Verhältnis beider Gewalten verbreitet sich Occam noch in einer anderen Schrift: „Super potestate summi pontificis octo quaestionum decisiones". Sein Resultat ist hier wieder, dass die kirchliche Gewalt eine geistliche sei, und mit dem äusserlichen, zeitlichen Regiment nichts zu schaffen habe. Occams ganze Denkweise zeigt manchen durchaus reformatorischen Zug.

In letzter Linie ist noch Gerson zu nennen. Ihm stellt Luther das Zeugnis aus, dass er der erste gewesen sei, durch den unser Herr Gott angefangen habe, in dieser letzten Zeit die Welt zu erleuchten.[19]) Gerson erinnerte die Potentaten und Untertanen an ihre Pflichten und Rechte, er hielt die Obrigkeit nicht für die Ursache der Sünde oder für deren Folge (Gregor VII.), sondern betrachtete sie als Schutzmittel gegen diese. Wie später Luther, wandte er sich scharf gegen die Gewalttätigkeiten der Fürsten. Auch der Jurisdiktionsgewalt widmete er längere Auseinandersetzungen. Besonders interessant sind seine Ansichten über die Kirchenstrafen. Die Exkommunikation, meint er, verfehle meistens ihren Zweck, weit besser eigneten sich Geld- und Freiheitsstrafen. Dem Staate sollte die Aufgabe zukommen, die Kirche zu schützen, insbesondere sollte er ihr seinen Arm leihen zur Vollziehung jener Strafen, welche nicht im Machtbereich der Kirche liegen. Beide Gewalten hängen nach Gerson von Christus ab, ein allgemeines christliches Konzil wäre auch für Gerson die Lösung mancher

---

[18]) Cf. Riezler S. 254.
[19]) Erl. Ausg. 60 S. 302.

schwebenden Frage. Vereinzelt äussert er sich über die Geistlichen und die Frage ihres Einkommens.

Die Bedeutung dieser Männer für Luther und die deutsche Reformation im Einzelnen festzustellen, würde zu weit führen. Es genügt, darauf hingewiesen zu haben, dass Berührungspunkte zwischen ihnen und Luther vorhanden sind, die denn auch von seinen Gegnern richtig erkannt worden sind:

„Darumb hiess mich der Cardinal Cajetanus auf dem Reichstage anno 1518 auch einen Geronisten, da ich vom Papst appellierte an ein Christlich frei Concilium."[20]

Wenn wir bei Luther speziell auf seine Vorläufer aufmerksam gemacht haben, so geschah es aus verschiedenen Gründen. Einmal war nirgends die Möglichkeit der theoretischen Beeinflussung bei Calvin und Zwingli so stark, dass sie den praktischen Anforderungen gegenüber sich hätte behaupten können. Den beiden Schweizern waren die tatsächlichen Verhältnisse weit eher Wegweiser, als die Systeme und Anschauungen alter Schriftsteller. Dann werden wir Luther in jeder Hinsicht als den am meisten „Autoritätenbedürftigen" kennen lernen, soweit unsere Frage in Betracht kommt. Seine Selbständigkeit und Kritik liegt auf dem theologischen Gebiete. Als dritten Grund erwähnen wir den vollständigen Mangel eines Systems bei ihm. Nicht dass er bloss aus den Erfahrungen und Ansichten der Autoritäten das beste herausgenommen und vereinigt hätte. Diese dominierten vielmehr sein ganzes Denken. Die Anwendung ihrer Erfahrungen in Staat und Kirche ist eine durchaus unbewusste, er berücksichtigt keine Präzedenzfälle, sondern entscheidet von Fall zu Fall scheinbar selbständig. Diesem Umstand ist Luthers ganze Stellung zur Kirchenpolitik zuzuschreiben. Während Zürichs und Genfs Geschichte die Folgen der Satzungen ihrer Reformatoren darstellen, während die beiden Stadtobrigkeiten sich bemühen, mit ihnen nicht im Widerspruch zu stehen, sehen wir hier Luther beständig darauf bedacht, seine Ansichten durch alle Klippen geistlicher und weltlicher Gewaltherrschaft und Laune hindurchzusteuern.

---

[20]) Erl. Ausg. 60 S. 211. 303.

Ulrich Zwingli.

Die alten eidgenössischen Orte nahmen kurz vor der Reformationszeit eine eigenartige Stellung zu den hergebrachten kirchlichen Institutionen ein.

Gemeinsam war ihnen ein ernster Wille zur Erfüllung ihrer religiösen Pflichten, gemeinsam aber auch das Bewusstsein, dass das ausgeartete katholische Kirchentum jener Zeit nicht die Kirche Christi, und infolgedessen zu reformieren sei. Diese Reformation sollte sich auf die religiösen, aber auch auf administrative Gebiete erstrecken. Die Eidgenossen wollten in ihren Ländern Religion und Sitte hochgehalten wissen, wollten aber auch selbst für deren Hochhaltung sorgen. So kam es, dass sie immer mehr in die kirchlichen Kompetenzen, wie sie das kanonische Recht von jeher statuierte, eingriffen. Eines der treffendsten Beispiele dürfte der Pfaffenbrief von 1370 sein. Das unliebsame Benehmen von Klerikern hatte zunächst die Folge, dass alle Geistlichen den weltlichen Satzungen der Länder unterstellt und ihnen in dieser Hinsicht alle Sonderrechte benommen wurden.

Weiter als der Pfaffenbrief führten dann die Entwürfe eines eidgenössischen Glaubenskonkordats.

Das oberste Prinzip der Eidgenossen war es bei solchen Massnahmen immer gewesen, im Frieden mit Rom auszukommen. Dies, sowie der provisorische Charakter der eidgenössischen Veranstaltungen, ging aus der Hoffnung auf ein allgemeines christliches Konzil, das mit den Misständen gründlich aufräumen würde, hervor.

Zürich stand auch hier an der Spitze der Eidgenossenschaft. Sein genialer Bürgermeister Hans Waldmann hatte es verstanden, einen für Zürich sehr günstigen Modus vivendi zu schaffen, eine

Summe von Usancen aufzustellen, die man in ihrer Gesamtheit mit dem Namen „Waldmannisches Konkordat" zu bezeichnen pflegt.[1]) Dieses zeigt uns genau das Verhältnis von Staat und Kirche im Anfang der Reformation.

Die zürcherische Kirche bildeten vor allen Dingen das Grossmünster, das Fraumünsterstift und das Augustinerkloster, im ganzen zählte sie ca. 90 Weltgeistliche und ca. 120 Klostergeistliche. Alle standen unter dem Bischofe von Konstanz. Der damalige Inhaber des bischöflichen Stuhles war Hugo von Landenberg, ein Mann, der für die Reformation keine grosse Gefahr darstellen sollte. Der Bischof war selbst davon überzeugt, dass von einem demoralisierten Klerus geleitet die Kirche dem Untergange zusteuere und deshalb dringend einer Reformation bedürfe. Allem was in Zürich in dieser Hinsicht geschah, stand er also wohl nicht direkt feindselig gegenüber.[2]) Auch der bischöfliche Generalvikar, Johann Faber, der zur gleichen Zeit wie Zwingli in Zürich, sein Amt in Konstanz antrat, war nicht der Mann, Zürich für Rom zu erhalten. Er war, wie Zwingli, ein Humanist und mit diesem anfangs eng befreundet. Seine späteren Ausfälle gegen die Zürcher Reformation müssen sich durch Spitzfindigkeit ausgezeichnet haben, nennt ihn doch Zwingli in seinem „Archeteles" einen „sorex".[3]) Auch sein Lebenswandel war nicht dazu angetan, grossen Respekt einzuflössen und ein unbekannter Briefschreiber meldet Zwingli entrüstet von einer Schandtat (facinus) gegenüber einem Beichtkinde in Lindau.[4])

Wie ihre Herren in Konstanz, so waren auch die zürcherischen Geistlichen keine Muster in Sitten und Pflichttreue. Man braucht nur den Namen Felix Hemmerleins, des Chorherren, zu erwähnen, um an die unerquicklichsten sittlichen Zustände in Zürich erinnert zu werden. Alle Laster und Unsitten, alle unreellen Machenschaften zur Erlangung von Geld oder Sinekuren blühten in hohem Masse.[5]) Den sittlichen Ernst, den wir

---

[1]) Cf. Rohrer, i. d. Jhb. f. schw. Gesch. IV. S. 1 ff.
[2]) Cf. Egli Akten Nr. 291.
[3]) Schuler u. Schulthess III. 58. (Sch. u. Sch.)
[4]) Sch. u. Sch. VII. 502.
[5]) Egli Akten Nr. 157, 363.

im Augustinerkloster in Erfurt wahrnehmen, das ehrliche Streben nach Wahrheit, vermissen wir hier fast vollständig, kein Wunder also, wenn der Reformator von auswärts kommen musste. Kein Wunder auch, dass der Umwälzung der Dinge in Zürich kein ernstlicher Widerstand von Seiten der Geistlichkeit drohte: Man war zu apathisch geworden, die ungestüme Kraft, die der jungen Reformation innewohnte, fand bei der alten Kirche keinen ebenbürtigen Gegner mehr.

Auf ganz anderen Füssen als die Kirche stand der S t a a t Z ü r i c h. Seit einigen Jahren eidgenössischer Vorort und nächst Bern der länderreichste Ort der Schweiz, hatte er nach aussen ein ganz bedeutendes Ansehen. Die häufigen Tagsatzungen, die fremden Gesandten, die Zürich in seinen Mauern sah, brachten Leben und Verkehr. Dabei galt die Stadt als gut katholisch gesinnt und war beim Papste ausgezeichnet angeschrieben. Mit Vorliebe sah er junge Zürcher in den Reihen seiner Garde. Sixtus IV. bekundete sein Interesse für die Stadt sogar durch einen Vorschlag für eine vakante Chorherrenstelle.[6])

Einen traurigen Kontrast zu dem guten politischen Rufe Zürichs bildet der ganz allgemeine Sittenzerfall in der Stadt. Hochgestellte Leute waren infolge der Pensionen und fremden Geschenke bestechlich, ruhmsüchtig und luxuriös geworden und der gemeine Mann hatte häufig durch Reisläuferei seinen sittlichen Halt eingebüsst. Schmutzige Geschichten, Raufhändel und andere Kennzeichen grosser Demoralisation gehörten zu den täglichen Traktanden der weltlichen Behörden. Die Bevölkerung verlangte ein straffes Regiment und zu seinem grössten Heile war Zürich mit einem solchen versehen. Bürgermeister und Rat der Stadt bieten uns das Bild einer trefflichen, christlichen Obrigkeit. Alle nur denkbaren Reibungen des täglichen Lebens kommen vor ihr Forum, werden genauer geprüft und mit vorbildlicher Schnelligkeit erledigt. Wer die bestehende Ordnung irgendwie zu stören wagte, wurde unnachsichtlich bestraft. Für alles fühlte sich die Obrigkeit vor Gott verantwortlich. Wenn

---

[6]) Jahrb. f. schw. Gesch. IV. S. 9.

es galt, bestehende Misstände zu heben, so machte die Regierung vor keinem Gotteshaus, vor keiner Klosterpforte Halt.

Das Wohlergehen der Bürger war des Staates höchstes Ziel. Man griff demnach zunächst die Wurzel alles Uebels an und verbot durch den Pensionsbrief von 1503 das weitere Annehmen von fremdem Gelde. Sittenmandate sollten gleichzeitig dem überhandnehmenden Luxus steuern, die Finanzen wurden durch Errichtung von Kassen zu den verschiedensten Zwecken geregelt. Kornvorräte sollten aufgespeichert werden, um die Möglichkeit einer Hungersnot zu verringern.

Insbesondere das Finanz-, dann aber nicht zuletzt auch das Polizeiwesen hatten die Obrigkeit veranlasst, sich in den Kompetenzkreis, den das kanonische Recht der Kirche vorzeichnete, einzumengen. Der Rat glaubte vor allen Dingen, ein Recht auf Rechenschaft über die vielen Zinsen, Jahrzeiten, Pfründengelder u. s. w. zu haben, die der Klerus alljährlich empfing. Er glaubte ferner verlangen zu dürfen, dass seine Untertanen von dem Klerus nicht betrogen würden, sondern für ihr gutes Geld Gegenleistungen empfingen. Benefizien für abwesende Geistliche, sowie die Vereinigung mehrerer Pfründen [7]) in einer Hand waren nicht in seinem Sinne. In sittlicher Hinsicht sollten die Geistlichen nicht mehr Recht auf Nachsicht oder mildere gerichtliche Beurteilung haben, als die Laien.

Diese Einmischung hatte nach und nach einen sozusagen legalen Charakter angenommen, schien wohl den Stadtbehörden aber selbst ein wenig schwach begründet; das oben erwähnte Waldmannische Konkordat hatte den Zweck, im Jahre 1510 die offizielle päpstliche Bestätigung zu bringen.

In 14 Artikeln enthielt es etwa folgende neun Forderungen, die teils durch päpstliche Privilegien, teils durch bischöfliche Zugeständnisse seit längerer Zeit in Uebung waren:

1. **Staatliche Pfründenbesetzung**, bezw. Gleichberechtigung der vom Staate präsentierten Geistlichen mit den von der Kirche präsentierten, hauptsächlich mit Rücksicht auf die Stolgebühren.

---

[7]) Egli Akten Nr. 363.

2. Staatliches **Kontrollrecht** über die **Verlassenschaften** von Geistlichen, ausser wenn sie für wohltätige Zwecke bestimmt waren.

3. Der Ertrag von unbesetzten Pfründen oder von solchen, deren Geniesser wegen schwerer Verbrechen flüchtig waren, sollte in einen **Fond** kommen (ad fabricam restaurationem et utilitatem ecclesiae).

4. Die **Gerichtsbarkeit des Staates** über Kleriker in Strafsachen, wie: Zänkereien, Bedrohungen mit Waffen, Beleidigungen, Lästerungen. Das sollten wohl die leichteren Fälle sein gegenüber den „crimina enorma" des Art. 4 des Konkordats. Der Staat soll hier richten und Strafen verhängen dürfen. Steht dagegen der Kirchenbann als Strafe, so ist er von dem **Bischof** zu verhängen. Das Bussgeld kam bei Laien an den Staat, bei Geistlichen in das Kirchengut. Der 6. Art. des Konkordats erbittet von dem Papste die Jurisdiktion in Sachen der Kirchenzehnten und Steuern. Hier soll kein anderes Gericht in Betracht kommen dürfen. Hieher gehört auch Art. 13, wo der Rat sich die Bekämpfung von Rivalitäten der Geistlichen zur Erhöhung ihrer Einkünfte ausbedingen will.

5. Die Zürcher Regierung wünscht im Kriegsfalle von der Geistlichkeit **Kontributionen** („talleas exigere, bellicas expensas imponere, somas aut equos tribuere").

6. Ein weiteres Anliegen war das Kontrollrecht des Staates über den **Haushalt der Klöster** und das Verbot an händel- und prozesssüchtige Geistliche, durch ihre Passion die Kirchenkassen zu schädigen.

7. Der 9. Artikel statuiert eine Ausnahmebestimmung für die Geistlichen. Ihre **Versammlungen** werden der **Staatsaufsicht** unterstellt.

8. Die Anordnungen der städtischen **Baupolizei** sollen auch dem Geistlichen gegenüber Geltung haben.

9. Der Staat reserviert sich die Regelung der vermögensrechtlichen Seite der **Ehescheidung** und behält sich vor, den vor dem geistlichen Gerichte unterlegenen Teil eventuell noch zu bestrafen.

Dieses sogen. Waldmannische Konkordat steht in der ganzen Reformationsgeschichte einzig da: Vor dem Beginn der Reformation finden wir in einer gut katholischen Stadt voll kirchlichen Lebens das Verhältnis von Staat und Kirche gewohnheitsrechtlich geregelt und zwar im Vergleich mit dem kanonischen Recht gewiss sehr zu Ungunsten der Kirche. Hätte — wie es damals allgemein üblich war — der Staat Militärkapitulationen mit Rom oder andere, dem Papste willkommene Zugeständnisse benützt, um sich günstige Positionen gegenüber der Kirche zu verschaffen, so liesse sich eine solche Konzession eher verstehen.[8]) Die Forschung hat gezeigt, dass schon seit Jahrhunderten systematisch an der Erreichung dieses Zieles gearbeitet worden ist und dass es sich für den Staat lediglich um eine definitive Bestätigung überlieferter Gesichtspunkte handelte. Wie auf rechtlichem Gebiete der Unmut über die schlimmen Zustände der Reformation vorgearbeitet hatte, so war es auch auf religiösem Gebiet. Deutsche Bibelübersetzungen gingen in Zürich vor Zwinglis Ankunft schon von Hand zu Hand und unter den Feinden der Pensionenwirtschaft zählte dieser eine ganze Anzahl von Freunden. Auch bei einzelnen Geistlichen begann sich das Gefühl zu regen, dass der bisherige Gottesdienst nicht der richtige sei.

Fasst man Zürichs staatskirchenrechtliche Lage kurz vor der Reformation ins Auge, so sehen wir auf allen diesbezüglichen Gebieten ein rücksichtsvolles, aber dennoch zielbewusstes Vorgehen der Obrigkeit,[9]) wohlbegründet in den Missständen, die die Kirche jener Zeit überall zeigte. Die staatlichen Massnahmen beziehen sich vornehmlich auf diejenigen Gebiete, wo es den Laien vor kriminellen Uebergriffen der Kirche oder vor Zurücksetzung durch sie zu schützen galt. Die angenehm berührende gegenseitige Bereitwilligkeit zu Konzessionen erklärt sich am ehesten aus dem ruhigen, stetsfort unfanatischen Vorgehen des Staates und aus den kleinen Verhältnissen des damaligen Zürich,

---

[8]) Cf. Bader, der Klerus und sein Recht nach d. zch. Richtebrief. Zch. bei Orell. Füssli.

[9]) Einige hübsche Züge über das Verhalten der beiden Gewalten zu einander bringt Rohrer a. a. O. S. 19 f.

die eine ernstliche Uneinigkeit auf die Dauer wohl nicht ertrugen. Nirgends war das Feld zur Aufnahme der Saat so gut bestellt, wie in Zürich.

Als Zwingli 1519 hier seine Tätigkeit begann, war seine Ausrüstung die denkbar beste für einen Reformator. Denn ausser den Waffen einer gründlichen und umfassenden Geistesbildung und einer zündenden Beredtsamkeit hatte er im Laufe der Jahre eine genaue Kenntnis seiner Gegner erworben. Beim Betrachten seines Werdegangs stösst man Schritt für Schritt auf kleine Episoden, die ihn zum eminenten Praktiker machen mussten. Greifen wir ein einzelnes Beispiel heraus: Er selbst musste seine Glarner Pfarrpfründe einem „Curtisanen" um teures Geld abkaufen! Wäre es nur allen Reformatoren vergönnt gewesen, das, was sie bekämpften, so genau aus eigener Erfahrung kennen zu lernen.

Mehr als die topographische,[10] war wohl die politische Lage seiner Heimat von Einfluss auf Zwinglis Entwicklung. Das Toggenburg war damals im Besitze des Abtes von St. Gallen, der es durch Kauf an sich gebracht hatte und nun despotisch regierte. Sein strenges Regiment, seine weltliche Stellung, die nur schwer mit einer gewissenhaften Erfüllung seiner kirchlichen Pflichten vereinbar war, mögen oft die Kritik von Zwinglis Vater herausgefordert haben. Dass die Verweltlichung der Klöster dessen Beifall nicht hatte, erhellt schon daraus, dass er mit Entschiedenheit gegen den Eintritt seines Sohnes ins Berner Dominikanerkloster sich verwahrte. Auch die damalige Weltmachtstellung der Eidgenossenschaft hat den jungen Zwingli gewiss mit Begeisterung erfüllt und in ihm den Wunsch wachgerufen, seinem Vaterlande zu noch höherer Blüte zu verhelfen. Die schöne Arbeitszeit bei dem wohlwollenden Oheim in Wesen, dessen grösstes Verdienst es war, den jungen Mann auf die Bahnen des Humanismus zu lenken, sein akademisches Studium in Basel, Bern und Wien bildeten gleichmässig seinen Geist und seine Fachkenntnisse. Im Humanismus, nämlich jenem deutschen Humanismus, welcher in weit höherem Masse als der

---

[10] Myconius, Zwinglis erster Biograph, glaubte ihn im hochgelegenen Toggenburg Gott näher als anderswo. Bei Stähelin I. S. 19.

italienische, sittlich-religiöse Interessen vertrat, fand er reiche Anregung. Durch ihn kam er in Berührung mit den grossen Männern seiner Zeit. Sein Studienaufenthalt im fernen Wien steigerte seinen Weitblick, der ihn vor den anderen Reformatoren so vorteilhaft auszeichnet. Er lernte die täglichen politischen Ereignisse mit denjenigen der alten Geschichte vergleichen und erkannte so den Wert der historischen Betrachtungsweise der Politik.

Bereits ist darauf aufmerksam gemacht worden, dass das Leben Zwingli zum praktischen Manne gemacht hat. Von nicht zu unterschätzender Bedeutung für seine zukünftige Stellung zur S c h u l e war es, dass er selbst in Basel Lehrer gewesen war. Seine ökonomisch unabhängige Lage ermöglichte ihm, in ganz anderer Weise Erfahrungen zu sammeln und mit der Welt in Berührung zu kommen, als Luther es konnte. Die Frucht dieses Erlebens hat Zwingli in dem Patengeschenk an seinen Stiefsohn Gerold Meyer niedergelegt.

Zwinglis Aufenthalt in Glarus werden wir hauptsächlich nach dieser praktischen Seite hin betrachten müssen.[11]) Auch hier wirkt er als Lehrer und mag durch seine vornehmen Schüler ohne Zweifel die Anschauungen kennen gelernt haben, die die damaligen führenden Kreise der Eidgenossenschaft erfüllten. Sein Amt als Weltgeistlicher verschaffte ihm Fühlung mit dem gemeinen Volke. Welcher Art der Antritt seiner Stelle gewesen war, wurde oben kurz erwähnt. Ein gewerbsmässiger „Pfründenagent" jener Tage, Göldlin, war vor Zwinglis Amtsantritt mit mehr als 100 fl. zufrieden zu stellen.[12]) Doch ausser dieser Erfahrung sollte er noch eine andere schlimmere machen. Von Basel her drohte man ihm sogar mit der Exkommunikation: Zwingli hatte bei der dortigen Peterskirche ein „beneficium", um das er sich anscheinend wenig kümmerte, sodass er öffentlich zitiert werden musste. „Denuo me existente in Luffenburg," meldet ihm sein Freund Heinrich Wentz in einem Brief von 1511[13]): „per sex septimanas pro sanitate recuperanda ad pur-

---

[11]) Cf. Heer.
[12]) Cf. Sch. u. Sch. VII. 237.
[13]) Sch. u. Sch. VII. S. 6.

gandam contumaciam in pulpite chori et valvis ecclesiae s. Petri es citatus per eundem, ut juris est. Nemine comparente in termino ipso accusavit contumaciam tuam petendo ulteriores processus excommunicationis et obtinuit. Vidi enim literas excommunicationis sigillatas in aedibus meis secunda feria post Dominicam, Gaudete!" Wentz wusste dann dafür zu sorgen, dass die Publikation der Exkommunikation unterblieb. Wie sich Zwingli aus der Sache zog, ist mir unbekannt geblieben, immerhin ist es bemerkenswert, dass bei der damaligen laxen Handhabung der kirchlichen Vorschriften eine so schwere Strafe deswegen angedroht werden konnte. Es lässt sich die Frage aufwerfen, ob sich Zwingli nicht noch in anderer Weise missliebig gemacht hatte.

Ausser seiner Predigt- und Lehrtätigkeit sehen wir ihn mit grossem Eifer an seiner Weiterbildung arbeiten, nicht nur aus Büchern, sondern auch durch aufmerksame Beobachtung der politischen Zustände. In Glarus veröffentlichte er denn auch seine politischen Lehrgedichte vom „Labyrinth" und vom „Ochsen", welch letzteres auf die Lage der Eidgenossenschaft speziell gedichtet war. Mit grossem Fleisse vervollkommnete er sich in der griechischen Sprache, um das Neue Testament im Urtext richtig verstehen zu können. Trotz seines Humanismus, der dazu angetan war, seinen Eifer auf wissenschaftliche Studien zu lenken, verlor er die praktischen Forderungen von Religion und Vaterland nicht aus dem Auge. Als Leutpriester unternahm er es, seine Glarner, die im Solde des Papstes standen, nach Oberitalien zu begleiten. Hier war ihm wiederum vergönnt, genau kennen zu lernen, was er später mit Erfolg bekämpft hat: die Reisläuferei. Der päpstliche Dienst kam ihm anfangs zwar als grosse Ehre vor, galt es doch, die Kirche Christi vor den Feinden zu schützen, als er aber später Zeuge des Verrats und der Ränke Roms sein musste, da mag sich in ihm das Gefühl geregt haben, wie sehr die Kirche ihrer Aufgabe entfremdet und ein „Reich von dieser Welt" geworden sei. Dieser Zeitpunkt (1515) scheint für Zwingli ein Wendepunkt geworden zu sein. Mehrmals kommt er darauf zu sprechen, z. B. in seiner

Predigt von der Klarheit des Wortes Gottes [14]): „Ich hab wol als vil zugenommen in minen jungen Tagen in menschlicher leer als etlich mines alters, und als ich vor jetzt siben oder acht jar vergangen, mich anhub, ganz an die heiligen Gschrift lassen, wollt mir die philosophy und theology der zanggeren immerdar ynwerfen..." 1517 schlug er die päpstliche Pension aus und entschuldigte sich in der „Uslegung des XXXVII. Artikels" damit [15]): „Ich vergich (= bekenne) min eigen sünd vor Gott und allen Menschen: denn vor dem jar 1516 hanget ich noch etwann vil an des papsts oberkeit und meint, mir zimmte gelt von jm ze nemen..." Ueberhaupt begann in jener Zeit sein kritischer Geist sich mächtig zu entfalten. Er untersuchte die kirchlichen Vorschriften auf ihren Gehalt an Menschensatzungen. Abweichungen in den verschiedenen Gebeten der Liturgie hatten ihn darauf geführt. 1523 berichtet er darüber [16]): „Verum quid hic Romanensium superstitioni praeterimus, cum ante annos aliquot apud Insubres haud invenerimus Romanum canonem qui vel reges, vel imperatores loco dignaretur. At posteaquam reges etiam dignos existimavimus, ut pro eis oremus, quanta quaeso vanitas est tum Romanum tum suum antistitem regi proposuisse?.." Eine alte Liturgie, die er in Mollis [17]) vorfand, erregte ausserdem Zweifel über die richtige Form der Abendmahlsfeier in ihm.

Mit gemischten Gefühlen verliess Zwingli seinen Wirkungskreis in Glarus. Er selbst berichtet zwar an Stapfer in Schwyz über das schöne Verhältnis, das ihn mit seinen Pfarrkindern verband: „Apud meos enim Dominos Claronae tanta cum pace et felicitate versatus sum, ut nunquam aliquid litis intercesserit..." [18]) Und trotzdem sehen wir ihn seine Kirchenfunktionen daselbst in die Hände eines Vikars legen und mit der sehr schwach dotierten und neben dem berühmten Stift gewiss wenig hervorragenden Stelle eines Leutpriesters in Einsiedeln vorlieb nehmen. Seine Stellung war in Glarus unhaltbar

---

[14]) Sch. u. Sch. I. S. 79.
[15]) Sch. u. Sch. I. 354.
[16]) Sch. u. Sch. III. 92.
[17]) Bei Mörikofer I. S. 20 f.
[18]) Sch. u. Sch. VII. 237.

geworden. Sein freimütiges Auftreten gegen das Pensionen- und Reisläuferunwesen hatte ihm unter den Einflussreichen viele Feinde verschafft. Daneben war es gewiss auch sein kritischer Geist, der ihn zur alten Metropole römischen Kirchentums in der Schweiz zog. Immerhin scheinen ihm seine Glarner Gegner mehr persönlich, als vor der Oeffentlichkeit lästig geworden zu sein, erzählt Zwingli doch später, die Glarner hätten so sehr auf seine Wiederkehr gehofft, dass sie ihm seine Pfründe belassen hätten.[19])

War der Aufenthalt in Glarus hauptsächlich für Zwinglis Auffassungen in Staatsdingen und Politik von Wert, so war es in Einsiedeln das Wesen der römischen Kirche und Lehre, über das er vor allen Dingen Kenntnisse erwarb. Durch eifriges Studium der heiligen Schrift in der Ursprache verschaffte er sich die nötige Sicherheit zu freimütigen Predigten. Sein Erfolg, den er an den andächtigen Zuhörern aus allen umliegenden Gegenden wahrnahm, gaben ihm Mut und Freudigkeit, seine Kritiken und Reformvorschläge rückhaltlos zu verbreiten. Nicht, dass er aber dadurch allzu grosses Aufsehen erregt hätte, an Bemängelungen der Kirche und ihrer Institutionen hatte man sich in letzter Zeit ja gewöhnen müssen!

In Zürich das reine Evangelium — ein inauditum Germanis hominibus opus — zu verbreiten, war sein erster Gedanke, als er durch Mykonius davon erfuhr, dass man ihn als Leutpriester zu wählen beabsichtige.[20])

Seine Wahl ging von den Chorherren aus. Diesen lag es daran, einen Mann zu bekommen, dessen Name Zürich Ehre mache. Besonders auf seine wissenschaftlichen, rhetorischen und moralischen Qualitäten wurde bei der Wahl Rücksicht genommen. Ich glaube, das Hundeshagen gegenüber betonen zu müssen, der Zwinglis Wahl politischen Motiven zuschrieb.[21]) Gewiss mochten ja viele Zürcher Zwinglis politisches Wirken auch in ihrer Vaterstadt herbeigewünscht haben.

Von allem Anfang an sehen wir den Neugewählten seine Denkweise in der Predigt zu unmissverständlicher Darstellung

---

[19]) Sch. u. Sch. VII. 237.
[20]) Sch. u. Sch. VII. 53.
[21]) Beiträge S. 173.

bringen. Scharf scheidet er bei der Erklärung der Stelle Matth. XIII. 57 die Aufgabe des geistlichen Amts von der der Staatsgewalt [22]): „Nam illius officium est, etiam cordis abstrusa et affectus impiorum in lucem protrahere et damnare, quae a magistratu poenam non habent. Avaritia, invidia et sui ipsius amor multam apud magistratum non merentur, nisi fructibus manifestis se prodant et alios offendant." Darnach fasst er die Kirche als vorbeugenden, den Staat als heilenden Faktor auf für die menschlichen Schäden.

Seine freimütigen Predigten gegen die moralischen Defekte der Zürcher enthielten oft tadelnde Erörterungen gegen das Reislaufen. Dadurch machte er sich viele Feinde in der Stadt. Man drohte, „man wurde im . . . den belz erflohen oder mit ihm handlen, dass er darvon liess . . . man wurde in über die Kanzel abghyen . . ." u. s. w.[23])

Die zürcherische Regierung konnte sich zu Zwinglis kritischen Aeusserungen auch nicht stillschweigend verhalten. Ein Mandat, das sie erliess, zeigt, dass sie nicht gewillt war, sich von der Kanzel herunter nahe treten zu lassen und dass sie sich Einmischungen der Kirche in ihre Politik grundsätzlich verbat. Dagegen zeigte sich die Regierung nicht abgeneigt, von sich aus in Zwinglis Sinn Sittenmandate zu erlassen, und zeigte dadurch gleich dem Leutpriester den Weg zur gebührenden Verwirklichung seiner Pläne. Das war der erste Konflikt zwischen Staat und Kirche in Zürich seit Zwinglis Anwesenheit. Wie bei allen folgenden, zeigten die Parteien das Bestreben, sich gegenseitig entgegenzukommen.

Bei einem nächsten Konflikte sollte Zwingli mit den anderen Leutpriestern als Schiedsrichter dienen, ein Beweis dafür, dass er von der Regierung als unparteiisch erachtet wurde. Es betraf den Fall des Buchdruckers Froschauer.[24]) Dieser war dem Rate denunziert worden. Er sollte während der Fastenzeit Würste gegessen und seinen Gästen angeboten haben. Zu seiner Ver-

---
[22]) Leo Iud 8. 75.
[23]) Egli Akten 181, 204.
[24]) Egli Akten Nr. 233—237.

teidigung berief er sich auf Stellen der heil. Schrift und Zwinglis Predigten. Er bat den Rat, ihn nicht zu strafen und vor Strafe durch die Geistlichen zu schützen, da er durch sein Fleischessen weder Gottes Gebote, noch staatliche Gesetze übertreten habe. Der Rat wies die Sache an das Kapitel des Grossmünster und an die drei Leutpriester. Dieses geistliche Kollegium drückt zunächst seine Freude darüber aus, dass die Obrigkeit sich der Sache annehmen wolle und empfiehlt dann, das Fastengebot aufrecht zu erhalten und eine hierauf bezügliche Mitteilung an die Pfarrkirchen zu erlassen. Den Beichtvätern möge befohlen werden, triftige Gründe zur Uebertretung als mildernde Umstände in Betracht zu ziehen.[25] Dieser Vorfall ist in verschiedener Hinsicht höchst interessant. Er zeigt das „Waldmannische Konkordat" in seiner Anwendung. Die Kirche hatte aufgehört, von sich aus Dispositionen zu treffen, sie wirkte nur beratend mit in den Fragen der Kirchenzucht. Der Rat war die gemeinsame Oberinstanz von Staat und Kirche geworden. Dass er nicht seine Interessen einseitig verfocht, sondern redlich bemüht war, mit der Kirche in gutem Einvernehmen zu bleiben, geht daraus hervor, dass er sich dem Urteil der geistlichen Berater ohne weiteres unterzog.

Dieselbe prinzipielle Stellung der zürcherischen Obrigkeit kommt etwas später noch deutlicher zum Ausdruck. Im April 1522 kam eine bischöfliche Gesandtschaft mit dem Zwecke nach Zürich, die Stadt vor Zwinglis „Neuerungen" zu warnen. Wiederum nahm sich der Rat der Sache an, er berief eine Versammlung der Geistlichkeit, liess die Gesandtschaft hier sprechen, hörte dann die Abgesandten nochmals allein und dabei handelte es sich um rein kirchliche, dogmatische Fragen.

Hatte auch diese Mission den Rat zu keinen Massnahmen gegen die Reformation zu bewegen vermocht, so veranlasste sie doch diejenigen Zürcher, die mit den Neuerungen Zwinglis nicht einig gingen, zum Handeln. Um ihnen entgegen zu treten, verfasste Zwingli die Schrift: „Vom erkiesen und fryheit der spysen...."[26] Für uns bietet sie insofern Interesse, als Zwingli

---
[25] Egli Akten 237.
[26] Sch. u. Sch. I. 2 ff.

darin den bisherigen Anteil der Nationen und Staatsgewalten an den Fastengeboten dartut und den römischen Bischöfen das Recht bestreitet, dem Christen Satzungen aufzuerlegen. Zwingli betreffend zeigt uns die Schrift, dass er in seinem ganzen Vorgehen sich zur Regel gemacht hatte, niemandem ein Aergernis zu geben.[27]) Für kompetent, gewisse Speisen zu verbieten, erklärte er „die allgemeine Versammlung der Christen."

Diese Schrift hat Zwinglis Ansehen in Zürich sehr gehoben. Wenigstens vermochte eine Klageschrift des alten Chorherren Hofmann, Zwinglis Vorgängers im Amte, über deren sorgfältige Vorbereitung Zwingli sich lustig macht, nichts gegen ihn auszurichten. Was er der Obrigkeit vorzuwerfen hatte, war Gleichgültigkeit gegenüber den in Zwinglis Predigten enthaltenen Ausfällen gegen die katholische Geistlichkeit, und unrichtige Auffassung der Exkommunikation. Dieser schreibt darüber an Mykonius[28]): „Ea fuit libellus annis jam tribus natus, ut Elephanti partum agnosceres in ridiculum murem desiisse. ... Laetus tamen sectus est exitus, ut tragicomoediam merito diceres."

Eine zweite Schrift Zwinglis richtete sich an die Schwyzer, deren bevorstehende Landsgemeinde über fremde Bündnisse Beschluss fassen sollte.[29]) Hier schildert er den Schwyzern ihre ruhmreiche Vergangenheit, die Schäden des Söldnerdienstes und ruft ihnen zum Schlusse zu: „Hüt dich, Schwyz, vor frömden Herren, Sy brächtend dich zu uneeren."[30])

Doch mehr als der Inhalt dieser Schrift interessiert ihre Folge: Die Schwyzer „Pensioner" setzten bei der Tagsatzung den Beschluss durch, die Regierungen hätten ihre Geistlichen zu veranlassen, von Predigten gegen das Reislaufen abzustehen.

Zwingli liess sich durch diesen Beschluss, der offenbar gegen ihn gemünzt war, nicht abschrecken, sein Reformwerk fortzusetzen. Im Gegenteil, er brachte weitere Neuerungen: Zunächst ersuchte er den Konstanzer Bischof nachdrücklich um Bewilligung der Priesterehe. In einem Schreiben an die Eidgenossen wieder-

---

[27]) Sch. u. Sch I. S. 24 ff.
[28]) Sch. u. Sch. VII 203.
[29]) „Ein göttlich vermanung . . .
[30]) Sch. u. Sch. II. 2 298

holt er die Bitte und ruft ihren Schutz gegen die Macht des Papstes an.[31])

So sehr der Rat durch sein bisheriges Verhalten Zwingli sein Wohlwollen zu erkennen gegeben hatte, so war er doch geneigt, auch den Vertretern der früheren Zustände ihr Recht werden zu lassen. Als deshalb zürcherische Mönche den Reformator verklagten, weil er sie von der Kanzel herunter schmähe, beschloss die Obrigkeit, Zwingli das zu verbieten. Vor einer gemischten Kommission wurde ihm jedoch Gelegenheit gegeben, sich zu verteidigen. Zwingli tat es, indem er versicherte, nichts gepredigt zu haben, was nicht in der heiligen Schrift enthalten sei. Verstosse er dagegen, dann erst sei man berechtigt, gegen ihn vorzugehen und zwar von Seiten der Kirche, wie des Staates.[32]) Wir sehen hier die Obrigkeit in ihrer Funktion als Schlichterin aller Streitigkeiten in ihren Grenzen. Allein sie tut mehr als das. Sie mischt sich in rein administrative kirchliche Angelegenheiten, indem sie Zwingli befiehlt, bald hier und bald dort zu predigen. Mit starker Hand sieht man die Obrigkeit aber auch die Konsequenzen ihres Handelns tragen, Exzesse aller Art von weltlicher und geistlicher Seite streng ahnden.[33])

Das Jahr 1522 war kaum verflossen, als der zürcherische Rat an alle Geistlichen die Aufforderung richtete, zu einer Disputation zusammen zu treten.[34]) Dem Konstanzer Bischof wurde es bezeichnenderweise freigestellt, ob er kommen wolle oder nicht.[35]) Die Zürcher Obrigkeit wollte sich über Zwinglis Tätigkeit, die zu so vielen Anständen führte, zunächst genau orientieren und ihm selbst Gelegenheit bieten, sich auszusprechen. Die Traktanden bildeten zunächst Zwinglis Schlussreden.[36]) Diese waren gewissermassen seine „Thesen" oder, zusammen mit der am 19. Januar 1523 erschienenen „Uslegung", seine „Institutio".

[31]) Sch. u. Sch. I. S. 32 ff.
[32]) Bei Mörikofer I. S. 119.
[33]) Cf. Hundeshagen Bei räge 197.
[34]) Cf. Bezold 601 f.
[35]) Egli Akten Nr. 318.
[36]) Sch. u. Sch. I. S. 153 ff.

Vor der letzteren haben sie allerdings voraus, dass sie die Früchte langjähriger praktischer Erfahrungen sind. Sie bilden sozusagen die Summe von Zwinglis ganzem reformatorischen Denken und zeigen, dass dieses sich in allen Teilen von Rom losgelöst hatte. Die einzelnen Artikel, (besonders Nr. 8, 31—43 und 61—63) werden uns später beschäftigen, vor der Hand genügt es, festzustellen, dass wir in der 1. Zürcher Disputation eine Versammlung von Obrigkeit und Geistlichkeit vor uns haben, die zur Besprechung rein religiöser Fragen auf „befelch" der Obrigkeit zusammenberufen ist.

Die Rechtfertigung ist Zwingli bestens gelungen; so gut, dass man das Gefühl bekommt, sie sei eigentlich Nebensache und es habe dem Rate daran gelegen, lediglich sein Aufsichtsrecht in kirchlichen Angelegenheiten zu konstatieren. Der Sieg Zwinglis hatte aber nun Zürich vor aller Welt als Stadt der Reformation hingestellt und ihr dadurch die Pflicht auferlegt, sich mit grösster Intensität der neuen Kirche anzunehmen. Dieser Umstand liess eine genaue Gebietstrennung, einen exakten Plan für das gemeinsame Arbeiten der beiden Organismen unentbehrlich werden. Ein Antrag dazu ging von dem Grossmünsterstift aus, in dessen Namen Zwingli im September 1523 den Rat um „hilf und underrichtung"[37] ersuchte, „nit in der meinung, das Stift und pfrüonden ze übergeben, sunder ze ändern und bessern."[38]

Diese „Besserung" war denn auch eine äusserst intensive und erstreckte sich — eine Ergänzung der Zürcher Disputation — lediglich auf das Gebiet der Kirchenverwaltung. Wir finden eine genaue Regelung der Kircheneinkünfte und -ausgaben, sowie eine ökonomische Besserstellung der Lehrer. Der Heranbildung guter Geistlicher, der Erziehung tüchtiger Bürger überhaupt wird grosse Aufmerksamkeit zugewandt. Ebenso werden Pfarrwahl, Ernennung, Absetzung und Diensteid der Geistlichen geregelt und Vereinfachungen im Kultus- und Armenwesen eingeführt.[39] Wir werden nicht fehlgehen, wenn wir in Zwingli

---

[37] Egli Akten Nr. 425.
[38] Spätere Anmerkung Egli, Nr. 425.
[39] Cf. Richter Ko. I. 168 ff.

den Urheber dieser Neuerungen suchen. Jedenfalls stammen sie von einem Theologen her, das ergibt sich aus den häufig angezogenen Bibelstellen. Zwingli war ja gewissermassen der Vermittler zwischen Staat und Kirche. In seiner Person vereinigten sich beide Organismen. Besonders wichtig ist die Regelung deshalb, weil sie alle gottesdienstlichen Handlungen von den bisher üblichen Gebühren und Sporteln befreit. Dies war wiederum nur durch sorgfältige Behandlung der Finanzen, durch Vermeidung aller unnötigen Ausgaben möglich und hatte zunächst die Abschaffung sämtlicher Sinekuren zur Folge. Doch ist es gewiss ehrender Erwähnung wert, dass Zürich die bisherigen Inhaber der Pfründen entweder im Weitergenuss derselben beliess oder häufiger noch, sie entschädigte.[40]) Auch die äussere Form des Schriftstückes ist von Interesse als Abmachung zwischen der Stadtobrigkeit und Propst und Kapitel vom Grossmünster.

Im selben Masse, wie das Neue sich in Zürich Bahn brach, verschwand auch das Alte und schon am 27. September 1523 sehen wir den Rat eine Kommission einsetzen „der bilder und andrer dinge halb."[41]) Durch Ausschreitungen scheint er zu raschem Handeln genötigt worden zu sein. Schreibt er doch in seiner Einladung zur 2. Disputation, die Gefangenen würden „bisdar" in ihren Gefängnissen belassen.[42]) Das für uns wesentliche der 2. Disputation, die sich eben mit der Abschaffung von Bildern und Messe beschäftigte, besteht darin, dass Zwingli hier Gelegenheit hatte, einmal seinen Kirchenbegriff in aller Deutlichkeit klarzulegen.[43]) Von diesem wird später die Rede sein.

In der ganzen Bilderangelegenheit vermag man das weise, massvolle, wenn nicht sogar langmütige Vorgehen der Obrigkeit zu ersehen. Gewiss folgte sie auch darin Zwinglis Leitung. Kurz darauf, als sich im Anschluss an die Ergebnisse der 2. Disputation der alte Chorherr Hofmann, die Quärulantenfigur der

---

[40]) Aehnliche Vorschläge machte auch Luther seinen Regierungen.
[41]) Egli Akten Nr. 424.
[42]) Egli Akten Nr. 430.
[43]) Sch. u. Sch. I. 468.

Zürcher Reformation, mit Einwendungen meldete, war der Rat so nachsichtig, ihm Gehör zu schenken.[44] Der umsichtigen Regierungsweise in Zürich entsprach es vollkommen, dass man die Entfernung der Heiligenbilder auf einen bestimmten Tag festsetzte und diesen etwas lange hinausschob.[45] Es war der 15. Mai 1524. Doch auch dieser Zeitpunkt schien dem Rate noch zu früh und am Vorabend des 15. Mai erliess er ein Mandat, das die Beseitigung der Devotionalien vor ausdrücklicher Erlaubnis unter schwere Strafe stellte. Und auch als endlich das Entfernen der Bilder freigegeben war, bemerken wir Methode und Ordnung in der Durchführung.[46] Von zwei Gesichtspunkten aus rechtfertigte sich deren Entfernung: Verunmöglichung von Bilderkultus und Fürsorge für die Armen. Wer berechtigte Ansprüche an einzelne Bilder hatte, dem sollten sie nicht geschmälert werden. Auf dem Lande sollte ihre Wegnahme von einer Gemeindeabstimmung abhängen, eine allfällige Entfernung war vom Geistlichen zu überwachen.

Um die Mitte Juli 1524 ging vom Rate in Zürich eine höchst bemerkenswerte Schrift an die Landgemeinden ab. Die Obrigkeit beruft sich darauf, dass die Gemeinden sich Belehrung über die Vorgänge der Reformation von der Regierung erbeten hätten.[47] Nachdem der Rat versichert hatte, stets nur Frieden gewollt und gehalten zu haben, teilte er den Untertanen mit, dass die Eidgenossen sich mit der Absicht trügen, die neue Lehre zu unterdrücken. Nachdem den Gemeinden noch berichtet worden ist, dass Zürich in der ganzen Eidgenossenschaft verleumdet werde, frägt die Obrigkeit die einzelnen an, ob sie wirklich gewillt seien, mit ihr in jeder Hinsicht gemeinsame Sache zu machen. Gewiss dokumentiert dies den neuen Geist, der durch die Reformation in Zürich eingezogen war. Fragen der Politik und der Kirche werden dem Volke von der Regierung zur Vernehmlassung vorgelegt, wohl keine allzu häufige Erscheinung in jener Zeit.

---

[44] Egli Akten Nr. 436.
[45] Egli Akten Nr. 530.
[46] Egli Akten Nr. 543 u. 546.
[47] Egli Akten Nr. 557.

Nachdem hier verschiedene obrigkeitliche Massnahmen aus Zürich besprochen worden sind, bei denen mit Sicherheit Zwinglis führender Geist zu beobachten ist, wenden wir uns zu einigen unmittelbaren Aeusserungen des Reformators aus jener Zeit, zu der Schrift: „**Von göttlicher und menschlicher Gerechtigkeit**" vom 30. Juni 1523.[48]) Was Luther und Calvin in ihrem eigenen Lager erfahren mussten, blieb auch Zwingli nicht erspart. Konfuse Schwärmer einerseits und zweifelhafte Elemente anderseits taten ihr möglichstes, das Ansehen der jungen Reformation zu erschüttern und auf deren Kosten Obrigkeit und Gesellschaftsordnung zu gefährden. Weit geschickter als die beiden Nebenreformatoren verstand es aber Zwingli, den Gegner zu enttäuschen und ihm keine Angriffspunkte darzubieten. Allein trotzdem sah er sich öfters genötigt, auf der Kanzel gegen sie einzuschreiten und namentlich ihre absichtliche Verdrehung des Sinnes von Bibelstellen zu verurteilen. Ein gutes Mittel zur Gewinnung von Popularität hatten die Feinde der Reformation in der Aufforderung zur Verweigerung der Steuern. In der obengenannten Predigt „von göttlicher und menschlicher Gerechtigkeit" weist Zwingli die Pflicht der Untertanen nach, die Gebote der Obrigkeit als Gebote Gottes und Pflichten der Behörde gegenüber als wahre Christenpflichten aufzufassen [49]): „Hierin wirst du (Nicolaus von Wattenwyl in Bern, dem Zwingli die gedruckte Predigt gewidmet hatte) sehen, dass's evangelium Christi nit wider die oberkeit ist, dass es um zytlichs guts willen nit zerrüttung gebirt, sunder ein befestung ist der oberkeit, die recht wyst und einig macht mit dem Volk, so fer sy christenlich fart nach der mass, die Gott vorschrybt."

Denselben Zweck wie die Predigt von der göttlichen und menschlichen Gerechtigkeit hatte eine etwas spätere Schrift Zwinglis: „Welche ursach gebind ze ufrüren, welches die waren ufrürer sygind . . ." vom 7. Dezember 1524. Die nämliche Tendenz hat die Schrift „von dem predigtamt" vom 20. Juni 1525. Besonders lag es Zwingli hier daran, das geordnete Wesen

---

[48]) Sch. u. Sch. I. 425 ff.
[49]) Sch. u. Sch. I. S. 428.

seiner Kirche gegenüber der widertäuferischen Anarchie hervorzuheben.

Noch bedrohlicher als die Täufer waren aber für die Obrigkeit die aufrührerischen Bauern. Genau wie in Deutschland hatte auch in der Schweiz die Reformation diesen bedrückten Kreisen Hoffnung auf bessere ökonomische Verhältnisse gemacht. Konnten sie sich auch über die zürcherische Regierung nicht ernstlich beklagen, war es auch Zwinglis Tendenz, der Bauernschaft grössere Selbständigkeit zu verschaffen, so glaubten die Bauern jetzt mit unmöglich zu erfüllenden Forderungen an die Regierung gelangen zu müssen. Sie entsprachen den Forderungen der deutschen Bauern ziemlich genau. Wir können von einem bäuerlichen Beschwerdentypus jener Tage sprechen, dessen Hauptmerkmal eine Menge von biblischen Zitaten bildeten.

Die Stellung der Obrigkeit war keine leichte. Die Bauern appellierten an eine christliche Staatsgewalt und das wollte ja gerade Zürich sein, als solche musste es durch das wenig mit den Geboten der Schrift übereinstimmende Los der Bauern veranlasst werden, auf deren Besserstellung hinzuwirken. Anderseits verbot es Zürichs Würde nach aussen hin, dem Drängen der Bauern ohne weiteres nachzugeben. Es musste sich bewusst sein, dass die ganze Eidgenossenschaft mit Spannung auf den Ausgang dieser Krisis sah. Wäre der Aufstand über blosse Ruhestörungen hinausgediehen, hätte die Stadt sicherlich seine Miteidgenossen um Hülfe rufen müssen und diesen somit eine willkommene Gelegenheit geboten, sich in ihre Verhältnisse einzumischen. Auch von dieser Seite war also die Reformation gefährdet.

Wir begreifen, dass die Zürcher Obrigkeit ihre ganze Hoffnung auf Zwingli setzte. „ . . . Daruf dann unser herren den Gesandten der gemeinden hand geantwurt: dass sy heimkartind; so wöllind sy mittler zyt fürderlich, so bald es geschäften halb sy möchte über die Artikel sitzen, und, mit hülf meister uolrichis Zwingli und anderer gleerten verständigen ratschlagen...." [50]

---

[50]) Sch. u. Sch. II. 2. 369.

Zwingli täuschte die auf ihn gesetzten Hoffnungen nicht. Zunächst (Anfangs Juli 1525) richtet er sich gegen die Berufung auf die heilige Schrift zur Verweigerung des Zehntenzahlens.[51] „Es möcht einer sprechen: Ich will dem schnyder, schuchmacher, pfister, müller, mezger nüt um das geben, das er mir gewärt hat; denn es stat nit geschriben im evangelio: Bezal den schnyder, schuchmacher, pfister, müller, mezger."

Alsdann macht Zwingli einen Unterschied zwischen den Laien- und den Kirchenzehnten, die ersteren als Entschädigungen für die Benützung vorbehaltenen Eigentums, die letzteren als Forderungen christlicher Liebe darstellend. Auch gibt er dem Volke gewissermassen Rechenschaft über das Vorgehen der Obrigkeit: So lange die alten Pfründengeniesser nicht gestorben seien, denen man doch ihr gutes Recht belassen müsse, sei es unmöglich, die Zehnten ganz nur zu gemeinnützigen Zwecken zu verwenden.[52]

Ein zweites Schreiben Zwinglis, das den Ratsboten zum Vorlesen auf dem Lande mitgegeben werden sollte, ist viel allgemeiner gehalten.[53] Er vergleicht das Zürcher Volk mit dem Volke Israel in der Wüste. Die idealen Zustände der Zukunft zu schauen, wird bei seinem Ungehorsam nur wenig Leuten vergönnt sein. In die Führung des Volkes ins gelobte Land teilen sich Kirche und Staat. Bisher war die Führung aber nicht immer gut: „Es ist ouch demnach unlougenbar, dass ouch in den weltlichen Regimenten nit weniger gebresten by vilen gewesen sind, dann in dem Papsttum. Hie mögend wir uns mit Gott billich, als wir hoffend, usnemen; denn wir tyrannisch und unfründlich nieman mit unserem regiment beladen habend."[54]

Nicht nur hat die zürcherische Staatsgewalt das Bewusstsein, ein gutes Regiment geführt zu haben: sie hat sogar die Kirche wieder auf die rechte Bahn gebracht. Sie verdient darum auch, dass man ihr gehorcht. Sie hat stets mit den Untertanen nach dem Gebot der heiligen Schrift gehandelt, „dann wir uns selbs

---

[51] Sch. u. Sch. II. 2. 364.
[52] Sch. u. Sch. II. 2. 369 ff.
[53] Egli, Akten, Nr. 726.
[54] Sch. u. Sch. II. 2. 370.

wol wüssend sind, dass wir uns gegen üch gehalten habend als väter und nit als herren, üch aber geachtet als brüder und nit als knecht. . . ."⁵⁵) „So uns aber Gott ie zu üwren obren gemacht hat, müssend wir ie sehen, dass wir das recht under üch üfnend, und dem unrechten, unrat und unfrid vorsygind. So müssend ouch ir har widerum ie sehen, dass ir ghorsam sygind, und unser statt und land mit lyb und gut helfind erhalten."

Die ganze Bauernunruhe hatte Zwingli gezeigt, dass auf die Landbevölkerung noch kein Verlass war. Solange das gespannte Verhältnis zu den Miteidgenossen und zu Rom andauerte, war Einigkeit im Innern das Haupterfordernis. Es war deshalb Zwingli vor allem darum zu tun, den Untertanen den Beweis der treuen Fürsorge ihrer Obrigkeit in Staat und Kirche zu erbringen, im Uebrigen aber die letzte Entscheidung in allen einschlägigen Fragen nicht aus der Hand zu geben. Zwingli durfte noch keine Misshelligkeiten zwischen der neuen Zürcher Kirche und dem Zürcher Staat riskieren. Diesen Gedanken finden wir deutlich in dem „Subsidium sive coronis de eucharistia" vom 17. August 1525⁵⁶): „Qui verbo praesumus Tiguri, iam olim libere monuimus Diacosios, quod ea quae judicio Ecclesiae totius fieri debeant ad ipsos non alia lege reiici patiamur, quam si verbo duce consulant et decernant, deinde quod ipsi non sint aliter Ecclesiae vice, quam quod ipsa Ecclesia tacito consensu hactenus benigne receperit eorum senatus vel consulta vel decreta. Vulgavimus eandem sententiam apud universam Ecclesiam; admonuimus etiam hac tempestate qua nonnulli feruntur stupidissimis adfectibus quos tamen spiritum interim, si Diis placet, videri volunt, haud tuto multitudini committi posse quaedam. Non quod vereamur Deum Opt. Max. defuturum, quo minus dirigat Ecclesiam suam; sed rebus adhuc teneris non miscendam esse contentionis occasionem. Suasimus ergo ut plebs iudicium externarum rerum hac lege Diacosiis permittat, ut ad verbi regulam omnia comparentur, simul pollicentes, sicubi coeperint verbi auctoritatem contemnere, nos confestim prodituros esse ac vociferaturos. Consentit ad hunc usque diem

⁵⁵) Sch. u. Sch. II. 2. 371.
⁵⁶) Sch. u. Sch. III. 339.

Ecclesia, tametsi decretum super ea re nullum promulgaverit, sed placiditate ac tranquillitate, quibus hactenus utitur, consensum suum sic probat, ut ipsam aegre laturam adpareat, siquis Evangelii successorum arguta curiositate impedire conetur; simul non ignorans, ut rebus istis debeamus ad Christi nostrumque decorem sic uti, ut pax Christiana servetur. . . . Quod autem Diacosii in his rebus Ecclesiae non suo nomine agant, hinc adparet, quod quicquid apud nos statuitur, puta de imaginibus, de celebranda eucharistia et similibus, id eis Ecclesiis quae in oppidis et agro sunt liberum relinquit: ubi nimirum, quod ecclesiae non sunt tantae, contentionis incendium non magnopere metuendum esse vident. Cessit consilium sic, ut ex Deo esse facile cognoscas. Sic igitur soliti sumus hactenus, ante omnia multitudinem de quaestione, quae senatus judicio cognoscenda erat, probe docere. Ita enim factum est, ut quicquid Diacosii cum verbi ministris ordinarent, jamdudum in animis fidelium ordinatum esset. Denique Senatum Diacosiorum adivimus, ut Ecclesiae totius nomine, quod usus postularet fieri juberent, quo tempestive omnia et cum decoro agerentur. Factum est itaque, ut contentionis malum ab Ecclesia prohiberetur, non aliam ob causam, quam nimiam ob multitudinem adfectuumque audaciam, et in eum locum retruderetur ubi innoxie audiri ac vinci posset: occalluerunt enim tribunalium et praetoriorum aures ad litigia et rixas.[57]) Sic utimur Tiguri Diacosiorum senatu, quae summa potestas est, ecclesiae vice."

Dass die Zürcher Obrigkeit es als ihre höchste Pflicht ansah, in alle von ihr geleiteten Gebiete Ordnung zu bringen, wurde schon eingangs erwähnt. Auch jetzt wieder, kurz nach den drohenden Bauernunruhen, sehen wir den Rat mit der Ordnung der Staatsgelder beschäftigt. Die kurz vorher beschlossene Zuweisung sämtlicher geistlichen Kultusgegenstände an die Armenkasse machte eine solche Revision notwendig. Im August 1525 werden zu diesem Zwecke Bürger mit der Schätzung und Verwertung von kirchlichen Gold- und Silbersachen beauftragt.

Ein anderes Gebiet, das dringend der Ordnung bedurfte, war die **Ehegesetzgebung**. Zürichs Ruf in sittlicher Be-

[57]) S. 340.

ziehung war kein guter. Vor einigen Jahren hatte man deshalb die Chorgerichte eingesetzt, 1525 schon hatte Zwingli der Ehe in seinen Schriften Beachtung geschenkt.[58]) Nun, 1526, galt es, noch energischere Massnahmen zu treffen.

Am 21. März wurden von der Obrigkeit drei Ratschläge erlassen: „uf den ebruch", „von der huory" und „von kuppleren".[59]) Am 13. Juni wurden sie noch durch Bestimmungen für die Landschaft erweitert.[60]) Vom Dezember desselben Jahres liegt uns eine Ordnung zur Bestrafung des Ehebruchs in 17 Artikeln vor.[61]) Die interessanteste Neuerung sind wohl eine den Eherichtern in der Stadt verwandte Sittenbehörde für die Landschaft und der Ausschluss der Ehebrecher vom Abendmahl durch die Obrigkeit.

Eine weitere wichtige Tätigkeit der Zürcher Gesetzgebung war die Regelung der Feiertage, durch Anordnung strenger Sonntagsheiligung und Festsetzung der fernerhin noch zu beobachtenden kirchlichen Feste.[62])

Die steten Unruhen der Widertäufer, das immer weitere Vorwärtsschreiten der Reformation, machten eine genaue Kontrolle der Reformierten notwendig. Zu diesem Zwecke schlugen die Leutpriester dem Rate die Einführung von Ehe- und Taufregistern vor.[63]) Nicht weniger notwendig schienen besondere Verhaltungsmassregeln für die katholische Geistlichkeit zu sein, die sich in Zürich noch immer in grosser Zahl aufhielt.[64]) Sie bildete für die Zürcher Regierung lange einen Gegenstand der Sorge. Jedenfalls konnte man von ihnen wenigstens gebührliches Betragen verlangen. Man ging aber weiter: Täglich hatten sie in die Predigt und Lektion zu gehen, sich dort an einen bestimmten Platz zu setzen und während der ganzen Dauer des Gottesdienstes zu verbleiben. Auswärts Messe zu lesen, zu taufen

---

[58]) Sch. u. Sch. II. 356.
[59]) Bei Egli, Akten 944.
[60]) Egli, Akten 990.
[61]) Egli, Akten 1087.
[62]) Egli, Akten 946.
[63]) Egli, Akten 982.
[64]) Egli, Akten 963.

und ihre Tonsuren scheren zu lassen, wurde ihnen von Staatswegen verboten.[65]

In seiner Schrift „Subsidium sive coronis de eucharistia" hatte Zwingli die Gründe auseinandergesetzt, warum er einer Selbstverwaltung der Kirche nicht geneigt sein könne. Die Obrigkeit war, so argumentierte er, an dem richtigen Funktionieren der kirchlichen Institutionen so sehr interessiert, dass man ihr am besten das äussere Kirchenregiment auftrug.

Anderseits verhehlte sich Zwingli nicht, dass es seine Persönlichkeit war, die nicht selten allein den glatten Verkehr der beiden Organismen ermöglichte und dass die Kirche ohne selbstständige Rechtstitel sich wohl kaum zur erwünschten Reife entwickeln würde. Sie musste sich in irgend einer Art als selbstständiger Verwaltungsbezirk, wenn wir so sagen können, zeigen. Hierzu schuf Zwingli die S y n o d e. Die Disputationen mögen ihm die Idee dazu gegeben haben. Gleichzeitig lag ihm bei ihrer Gründung gewiss daran, die neu geordneten kirchlichen Verhältnisse sicher zu stellen. Am besten geschah dies durch die Errichtung eines ständigen Institutes, einer periodisch tagenden Versammlung von Geistlichen und Gemeindeabgeordneten. Sodann war es bei den vielen Anfeindungen und Bekrittelungen, die die neue Lehre zu erdulden hatte, von grösster Wichtigkeit, dass das Evangelium überall streng gleichmässig ausgelegt und die Kirchengebräuche übereinstimmend durchgeführt wurden. Eine gegenseitige Ueberwachung ihres Arbeitens und Wandelns war für die Geistlichen auch wünschenswert. Besonders die letztgenannten Gründe mögen für die Zustimmung des Rates zu Zwinglis Synodalordnung massgebend gewesen sein.[66] Ihr zufolge sollten alle Misstände, besonders diejenigen in der Amtsführung der Geistlichen, öffentlich in der Synode besprochen und gerügt werden. Es war auch die Möglichkeit vorhanden, die Geistlichen durch Ausschliessungsbeschluss zu bestrafen. Den Pfarrern, aber auch den Kilchhören stand ein Klagerecht zu. Darauf nahm der von Zwingli vorgeschlagene Prädikanteneid Bezug, ebenso die jeweiligen Protokolle, die fast ausschliess-

---

[65] Egli, Akten 975 vergl. auch 1111.
[66] Egli, Akten 1272.

lich Klagen der Gemeinden und diesbezügliche Ratsentscheide enthalten.[67]) Wenn auch die Protokolle von einer selbständigen Kirchenverwaltung der Synode schweigen, so müssen wir doch annehmen, Zwingli habe eine Entwicklung seiner Institution in dieser Richtung vorausgesehen und gebilligt. Es war eben ein Institut geschaffen, das ausschliesslich kirchliche Dinge zu behandeln hatte und das gewiss früher oder später einmal dazu kommen musste, statt stets bloss Tadel und Lob von der Regierung entgegenzunehmen, auch selbst Forderungen zu stellen. Durch die Synode war die Geistlichkeit nun gewissermassen organisiert. Nicht viel später (April 1531) sehen wir sie schon ganz selbständig Bewilligungen und Räte erteilen, allerdings unter der Bedingung, dass die Obrigkeit einverstanden sei.[68])

Mit der Schaffung der Synode war die Gestaltung eines Verhältnisses von Staat und Kirche gewissermassen abgeschlossen. Die Auseinandersetzungen mit Luther, der erste Kappelerkrieg mit seiner Vorgeschichte und seinen Folgen lassen vermuten, dass Aufgaben anderer Art Zwingli und seine Regierung zu sehr in Anspruch genommen haben, als dass sie dem Ausbau des Verhältnisses weiter ihre Aufmerksamkeit hätten schenken können. Allein von einer Stagnation auf diesem Gebiete ist trotzdem nichts zu bemerken. Der Apparat funktionierte, die Ratsakten weisen durchaus befriedigende Resultate seiner Tätigkeit auf.

So vortrefflich die Organisation aber auch war, so scharf durchdacht das System auch sein mochte, es konnte nur dann seinem höchsten Zwecke dienen, wenn der einzelne Bürger in seinem Wandel zuverlässig war. Die Hauptforderung der ganzen Reformation war die Reformation des Einzelnen. Eine Normierung derjenigen Anforderungen, die sie an ihre Anhänger stellte, erwies sich als dringend notwendig und wurde am 26. März 1530 in Form eines Mandates erlassen.[69]) Es richtet sich an „alle geistlichen und weltlichen Personen". Fleissiger Kirchenbesuch, ehrerbietige Behandlung der Geistlichen, kirchliche Trauung,

---

[67]) Egli 1391 u. 1414.
[68]) Egli, Nr. 1758.
[69]) Egli, Akten, Nr. 1656.

Sonntagsheiligung, Entfernung von Altären und „Götzen", Meidung von Trinkunsitten und Spiel, ehrliches Gewicht und Mass, Meidung der Wiedertäufer und der fremden Krämer, diese Dinge werden dem Untertanen zur Pflicht gemacht. Die zielbewusste, allen menschlichen Verhältnissen Rechnung tragende Art der Abfassung lässt auf Zwingli als Verfasser des Mandates schliessen. Besonders das Sonntagsheiligungsgebot zeugt von dem umsichtigen, praktischen Geiste des Verfassers. Von grossem Interesse ist die Regelung der Strafen. Irgendwelche Nachteile auf dem Gebiete des kirchlichen Lebens finden wir nirgends verhängt, dafür aber Vermögens- und Freiheitsstrafen.

Der Zürcher Rat zeigte durch dieses Mandat, dass er seiner Aufgabe als christliche Obrigkeit gewachsen war. Ist es doch erlassen „im namen Jesu Christi, unsers seligmachers, im zuo sunderem lob und wolgefallen, ouch zuo ufgang, wolfart und erhaltung guoter erbarer policy und christlichen lebens in gemeiner unser stadt und landschaft". Wir können das Sittenmandat von 1530 als Abschluss von Zwinglis Lenkertätigkeit in Staat und Kirche auffassen. Die genaue Befolgung seiner Praxis, wonach der Staat dort, wo es zu bessern und in weltlichem Sinne zu regieren galt, auch in Dingen der Kirche Hand anlegte, führte zu dem zweiten Kappeler Krieg und zu Zwinglis tragischem Ende.

Johann Calvin.

Von allen drei Reformatoren rechtfertigt Calvin am ehesten eine eigene, von den anderen verschiedene Behandlung. Ist doch sein Leben mit der Geschichte Genfs jener Tage auf das Engste verknüpft: Als Staatswesen, als Glaubensgemeinschaft und als Summe von Einzelmenschen hat Genf die ganze Kraft des Reformators in Anspruch genommen. Hier allein sollten zunächst seine reformatorischen Ideale verwirklicht werden.

Die täglichen politischen Ereignisse, die Ratssitzungen und die Monstreprozesse liefern das beste Material zur Darstellung des Verhältnisses von Staat und Kirche unter Calvins Leitung. Im Gegensatz zu den Schriften Luthers und auch Zwinglis, lassen sich die Werke Calvins erst in zweiter Linie als Material für unsere Arbeit heranziehen. Ihr Inhalt erweist sich mehr nur als eine wertvolle Ergänzung vorangegangener oder folgender Massnahmen, die uns unmittelbar mit seinen Gedankengängen vertraut machen. Also mehr aus Ereignissen, weniger aus Büchern müssen wir, um richtig vorzugehen, seine Ansichten über das Verhältnis von Staat und Kirche kennen lernen. Es wäre Calvins unwürdig, wollte man ihn anders als kämpfend und organisierend darstellen. Das verlangt schon sein Charakter, der mit jener Zähigkeit ausgestattet war, die ihm über alle Hindernisse hinweghalf, mit der er, was er für richtig erachtete, bis zum völligen Siege verfocht. Es ist sonderbar, dass gerade diese Eigenschaft es war, derentwegen sich Calvin für das Genfer Reformationswerk untauglich glaubte.[1] Seine Zähigkeit und Hartnäckigkeit erlaubt uns mit absoluter Sicherheit als seinen Willen das hinzunehmen, was er nach seinem völligen Siege über

---

[1] Gaberel, II. Aufl., Bd. I, S. 208.

die Genfer Obrigkeit (1555) erreicht hat. Wir haben um dieser Eigenschaften willen den Vorteil, bei Calvin nicht mit Konzessionen und unfreiwilligen Massregeln rechnen zu müssen. Was er am Schlusse seiner Tätigkeit erreicht hat, das hat er bei deren Beginn gewollt, seiner Programmschrift, der „Institutio Christiana", die schon vor seinem Genfer Aufenthalt entstand, ist er treu geblieben.

Vor einer Darstellung seiner Tätigkeit auf dem Gebiete des Staatskirchenrechts ist es nötig, einmal die ganze Persönlichkeit des Reformators, dann aber auch die Zustände und Verhältnisse in Genf vor Calvins Ankunft ins Auge zu fassen.

Entgegen der Auffassung Riekers[2]) möchte ich behaupten, dass Calvins juristische Bildung und im speziellen die kirchenrechtliche von Einfluss auf seine Denkweise waren. Kampschulte und Elster führen eine ganze Anzahl von Anordnungen an, die uns sein stetes juristisches Denken und Fühlen beweisen. Sollte es ihn jeweilen bei seinen Entschliessungen über Staat und Kirche im Stiche gelassen haben? Die rechtlichen Auseinandersetzungen in der Institutio, die er ja in Basel ohne jeden realen Anwendungsfall geschrieben hatte, verraten gewiss grosse juristische Begabung. Und endlich! Fasst er nicht die heiligen Schriften des alten und neuen Testamentes als Rechtsquelle und zwar als aktuelle Rechtsquelle auf?

Wichtig zum richtigen Verständnis von Calvins Ansichten ist auch die Betrachtung seiner Nationalität. Trotz der gemeinsamen Sprache war und blieb Calvin den Genfern ein Fremder. „Ille Gallus" nennen ihn die Ratsprotokolle zu Anfang seiner Tätigkeit.[3]) Sprach die Bürgerschaft auch später von ihrem „maître" oder gar „monsieur Cauvin", so war er eben doch bewusst ein Ausländer.

In Genf haben wir eine alte bischöfliche Residenz vor uns. Damit ist schon viel zu ihrer und Calvins Rechtfertigung gesagt. Der Erfolg der deutschen Reformation hatte einem grossen Teil ihrer Bürger eingeleuchtet und Hoffnungen gemacht: Den einen auf die ersehnte religiöse Befreiung von dem Joche Roms, einer

---

[2]) Ricker Grundsätze S. 59, anders Hundeshagen-Christlieb II. S. 45.
[3]) 5. Sept. 1536 (archives de l'état).

grossen, moralisch inferioren Masse auf die Abschaffung aller religiösen Pflichten und auf Gelegenheit zu Tumult und Aufruhr. Der Bischof, der die ganze geistliche und daneben noch einen guten Teil der weltlichen Gewalt in seiner Hand vereinigt hatte, hatte weichen müssen. Der Rat der Stadt fühlte sich in seinem dadurch erweiterten Kompetenzenkreis noch nicht heimisch genug, um energisch gegen Ausschreitungen vorzugehen, die sich bemerkbar machten. Momentaner äusserer Friede nach langer drohender Kriegsgefahr, sowie dadurch hervorgerufenes schärferes Hervortreten der Parteien in der Stadt taten das ihre, um Genf der Anarchie preiszugeben. Wie es in allen solchen Fällen zu geschehen pflegt, stellten sich bald eine Menge dunkler oder charakterschwacher Existenzen ein, teils um in Genf Schutz suchen, teils um im Trüben fischen zu können.

Einer solchen Wendung der Reformation war Farel, ihr bisheriger Leiter in Genf, nicht gewachsen gewesen. Welch eine göttliche Fügung also, dass sich Calvin, der Verfasser jener Schrift, gerade in Genf befand, die für die evangelischen Christen Frankreichs bestimmt, in so trefflicher Weise alle heiklen Fragen beantwortete. Nirgends konnte ein besseres Anwendungsgebiet für die „Institutio Christiana" sein, als in dem beruhigungsbedürftigen Genf.⁴) Die etwas zudringliche Art, mit welcher Farel den jungen Franzosen für sein Werk zu gewinnen suchte, lässt sich unter diesen Umständen sehr wohl begreifen.

Denselben Gedanken über die Eignung Genfs zur Verwirklichung seiner Probleme mag auch Calvin gehabt haben, als er nach einigem Zögern den Aufforderungen Farels Folge gab. Gewiss! Genf war ein würdiger Prüfstein und ein vorzüglicher Ausgangspunkt für die Ausbreitung seiner Lehren.

Nur kurze Zeit dauerte das bescheidene Wirken des Neulings. Dann aber handelte es sich darum, die Genfer über jeden Punkt seiner Lehren genau zu orientieren und ihnen vor allen Dingen einen unmissverständlichen Ausweg aus dem gegen-

---

⁴) Calvins Urteil darüber findet sich bei Bonnet II. S. 574: „Quand je vins premièrement dans ceste Eglise, il n'y avoit quasi comme rien. On preschoit et puis c'est tout. On cerchoit bien les idoles et les brusloit-on; mais il n'y avoit aucune réformation. Tout estoit en tumulte."

wärtigen unerfreulichen Stadium vorzuzeichnen. Bald nach seinem Entschlusse, zu bleiben, war Calvin zum Pfarrer gewählt worden. Zunächst begann er auf das Einzelindividuum, den gemeinsamen Faktor in Staat und Kirche einzuwirken.[5]) Alles Predigen, alles Gesetzegeben war zweck- und erfolglos, wenn nicht der Bürger sich klar war, was durch die Reformation an ihn herantrat. Vor allen Dingen handelte es sich darum, ihn an eine genaue Befolgung der heiligen Schrift zu gewöhnen.[6]) Sie war das einzige Gut, das wert war, aus einer früheren Zeit hinüber gerettet zu werden und auf ihr sollte alles Neue gegründet sein. Darnach predigte Calvin vor allem ein gewissenhaftes Beobachten der biblischen Vorschriften.

Ein weiterer wichtiger Schritt war die Formulierung eines Glaubensbekenntnisses,[7]) der „Confession de la Foi, laquelle tous bourgeois et habitans de Genève et sujets du pays doivent jurer de garder et tenir." Sein dritter Artikel versichert dem Gläubigen, dass der Dekalog so unübertreffliche klare Rechtsnormen enthalte, dass weitere Gesetze zu einem Gott wohlgefälligen Leben unnötig seien. Wir vernehmen dabei auch Calvins **Kirchenbegriff** (Art. 18): „Nous entendons que la droicte marque pour bien discerner l'Eglise de Jesu-Christ est quant son St. Evangile y est purement et fidelement presché, annoncé, écouté et gardé; quant ses Sacremens sont droictement administrez."[8]) Der Art. 19 verbreitet sich sodann über die Exkommunikation: „C'est affin que les meschans par leur conversation damnable ne corrompent les bons, et ne deshonorent (pas) notre Seigneur, et aussy que ayant honte ils se retournent à penitence."

---

[5]) Man wird später noch deutlicher sehen, dass bei Calvin von allem Anfang an die Frage des Verhältnisses von Staat und Kirche die Hauptrolle spielte, und zwar zum Unterschied von Luther und von Zwingli.

[6]) Cf. Rilliet le premier catéchisme de C.

[7]) Was Zwingli in Form eines Sittenmandates am Schlusse seiner Tätigkeit in Zürich unternahm, war, wie man hier sieht, Calvins **erste** Massnahme.

[8]) Cf. dazu Bonnivard S. 151: „Mais tu me pourras demander ou est cette congregation des fidelles? Je te reponds sus cela que ce sont tous ceux qui tiennent la doctrine de Dieu, qu'il a publiee et faict escrire, premierement par les Profetes, et apres par les Apostres sans aucune exception et selon icelle invoquent Dieu en bonne conscience."

Hier treffen wir Calvins Idee, dass die **Exkommunikation** ein ausschliessliches Strafrecht der Kirche sei: Sie ist eine schwerere Strafe als „admonition", „exhortation" und „reprehension", ferner heisst sie „une chose saincte et salutaire entre les fideles".

Von den „Ministres de la Parolle", den Geistlichen, handelt der Art. 20. „... Nous (die Gläubigen) ne leur attribuons aultre puissance, ne auctorité, synon de conduire, regir et gouverner le peuple de Dieux à eulx commis, par icelle Parolle; en laquelle ils ont Puissance de commander, deffendre; promettre et menasser, et sans laquelle ils ne peuvent et ne doibvent rien attenter." Im selben Artikel räumt Calvin den Christen auch das Recht des Urteils über die Lehre ein.

„Magistrats" heisst der Titel des Art. 21. Der Christ hat darnach zu bekennen, „que nous avons la supereminence et domination, tant des roys et princes, que aultres magistrats et superieurs, pour une chose saincte et bonne ordonnance de Dieu." Der Obrigkeit hat der Gläubige also gehorsam zu sein mit der Einschränkung: „en tant qu'il nous est possible sans **offenser Dieu**...." Wann diese „Offense de Dieu" eintritt, das überlässt Calvin scheinbar dem Einzelnen zur Beurteilung. Allein man wird später sehen, dass es bald der Reformator selbst war, der allgemein gültig entschied, wann Gott beleidigt war und wann nicht.

Hier schon sei auf das eigentümliche, bei Calvin allein vorkommende „**Offenser Dieu**"[9]) aufmerksam gemacht. Es ist der stereotype Ausdruck für jedes Calvin unwillkommene Verhalten des Einzelnen, aber auch der Obrigkeit. Mit diesem Ausdrucke zeigt Calvin, dass er nicht mit menschlichem, sondern mit göttlichem Mass misst. In dem 21. Artikel des Calvinischen Glaubensbekenntnisses kommt das Wort nicht weniger als viermal vor. Das Beleidigen Gottes ist nicht identisch mit „Tatsünde", wie schon ausgesprochen wurde, auch Gedankensünden und Unterlassungen benennt Calvin gelegentlich so.

---

[9]) Oft auch „Mocquerie de Dieu".

Bemerkenswert ist auch die Benennung der Behörden, verglichen mit der der Geistlichen: Die ersteren sind bloss „vicaires et lieu tenans" des Herrn, die letzteren dagegen „messagiers et ambassaeurs de Dieu". Daraus ergibt sich deutlich die Abhängigkeit der Obrigkeit von Gott und die externe Stellung der Geistlichen.

Das neue Glaubensbekenntnis mochte Calvin als Notbehelf für die Erwachsenen erscheinen, die heranwachsende Jugend sollte gründlicher in die neuen Lehren eingeführt werden: Calvin arbeitete gleichzeitig den Katechismus, eine „Institutio" für die Genfer Jugend aus. An den Herzog von Somerset äussert er sich darüber folgendermassen [10]):

„Croyez, Monseigneur, que jamais l'Eglise de Dieu ne se conservera sans catéchisme, car c'est comme la semence pour garder, que le bon grain ne périsse, mais qu'il se multiplie d'aage en aage. Et pourtant si vous désirez de bastir ung édifice de longue durée, et qui ne s'en aille point tost en décadence, faictes que les enfans soyent introduits en ung bon catéchisme qui leur monstre briesvement et selon leur petitesse où gist la vraie crestienté."

Nachdem Calvin gezeigt hatte, was er von dem Einzelmenschen verlangte, machte er sich daran, die Staatsgewalt über ihre zukünftige Stellung aufzuklären. Zu diesem Zwecke erschien: „Mémoire de Calvin [11]) et de Farel sur l'organisation de l'église de Genève".[12])

Einleitend heisst es da: „ . . . il n'a esté possible de réduyre tout du premier coup à bon ordre, . . . mays maintenant quil az pleuz au seigneur de ung peu mieux establir icy son règne, il nous az semblé advis estre bon et salutayre de conférer ensemble touchant ces choses. . ."

Die Obrigkeit soll als Vorbild voranleuchten: „Ce seroyt donc un acte de magistratz crestiens, si vous, Messieurs du Conseil chascun pour soy, fayriez en vostre Conseil confession..."

Bezeichnend ist hier eine Stelle, die zeigt, wie sehr es

---

[10]) Bonnet I. 272.
[11]) Man beobachtet C. bereits an erster Stelle.
[12]) Gaberel II. Aufl. Bd. I p. j. S. 102.

Calvin darum zu tun war, rechtliche Handhaben zu bekommen: Vom Beschwören der Confession de foi heisst es: „... et cela seroyt seulement pour ceste foys, pourtant que on n'a poent encores discerné quelle doctrine ung chascun tient, qui est le droict commencement d'une esglise...."

Aus der „Mémoire" geht hervor, dass Calvin danach trachtete, die Genfer Obrigkeit dahin zu bringen, die Sache Gottes zu der ihrigen zu machen. Jetzt, wo der Staat und die Kirche in gleicher Weise reformbedürftig waren, glaubte er, dass der Zeitpunkt dafür gekommen sei.

Dass diese neue Rolle dem Magistrate gefiel, ist einleuchtend. Was früher Sache des Bischofs gewesen war, das gehörte jetzt zu den Obliegenheiten des Rats. Als „magistrat crestien" sehen wir ihn denn auch in der Folge arbeiten. Er befiehlt das Beschwören des Glaubensbekenntnisses, bestraft die den kirchlichen Geboten Ungehorsamen, inszeniert eine Disputation mit den Sendlingen der Wiedertäufer und erklärt sodann mit Bezug hierauf: „qu'on ouirait plus tels catabaptistes et consorts." Mit Erfolg sehen wir im Folgenden die Genfer Obrigkeit das ihr zugedachte neue Gebiet verwalten, besonders noch in dem Prozess gegen P. Caroli.

Dieser Prozess zeigt uns Calvin noch nicht in jener strengen Unnahbarkeit, an die wir uns später bei ihm gewöhnen müssen. Noch ist er bescheidener, noch glaubt er fest an die Gutwilligkeit des „Conseil". Voller Ehrfurcht holt er bei dem Rate der Stadt Bern ein Gutachten ein und schreibt mit Stolz von dem ihm von da her ausgestellten Zeugnis.[13]) Jedenfalls zeugt dies von der Genugtuung, die Calvin haben musste, als er den Staat in seinem Sinne mit Erfolg arbeiten sah. Anerkennung seitens einer Staatsregierung konnte seinem Werke nur nützlich sein.

Wir werden sehen, wie Calvin der christlichen Obrigkeit später sehr wenig mehr zutraute und nachfragte. Er hatte mit ihrem guten Willen schlechte Erfahrungen gemacht und erkannt, dass er nur durch zähes Festhalten an einmal dem

---

[18]) Ep. et resp. 227, Ruchat-Vulliemin V. 39.

Rate gegenüber aufgestellten Postulaten, Gottes Absichten mit Genf zur Durchführung verhelfen könne.

Calvins Triumph und Freude über seine ersten Erfolge sollten ihm denn auch recht bald vergällt werden: Bisher hatte er sich nur um das geistige Leben des einzelnen Genfers oder um dessen Regierung, soweit die göttlichen Zwecke auf Erden es erheischten, gekümmert. Die einzelnen Klassen, Parteien und Strömungen hatte er unbeachtet gelassen. Aus diesen erstanden ihm nun die gefährlichsten Gegner. Ein Ausländer, Vertrauensmann der Regierung! Ein Ausländer, der Gesetze entwarf, strenger als die Verordnungen der verhasst gewesenen Bischöfe! Das war zu viel für die leichtlebigen Genfer Patrizier. Aber auch die ernsten Gläubigen mochten sich manchmal etwas anderes unter der Herrschaft des Verfassers der Institutio Christiana gedacht haben, als die vielen Aeusserlichkeiten, auf die Calvin den grössten Wert zu legen schien. Genf begann sich von seiner inneren Krisis wieder zu erholen und glaubte sich stark genug, ohne Calvins Hilfe die Reformation durchführen zu können, umsomehr, als diese drückend zu werden begann. Dieser Ansicht war allerdings Calvin nicht. Der Rat und die Bürgerschaft schienen ihm noch nicht im Stande, die Sache Genfs zur Sache Gottes zu machen und anstatt seinen Einfluss zurückzuziehen, sehen wir Calvin den Rat zu immer drückenderen Massregeln veranlassen. Damit wuchs aber auch die Unzufriedenheit: Die nächsten Ratswahlen (Anfang 1538) brachten Calvins Gegner ans Ruder. Eine solche Obrigkeit brauchte er nun auch nicht mehr als eine „christliche" anzuerkennen. Nun hatte das in der erst kürzlich eingeführten „Confession de foi" vorgeschriebene „prier Dieu pour la prospérité des superieurs" und „leur porter honneur et reverence" ein Ende, nun hatte Calvin das Recht, seinerseits gehörig über die Obrigkeit zu schimpfen. Als der vormals christliche Rat nun gar den Ritus für die bevorstehende Abendmahlsfeier (Ostern 1538) bestimmen wollte, missachtete Calvin das ihm und Farel zuteil gewordene Verbot, zu predigen und veranlasste so unwürdige Tumulte, dass er infolgedessen mit Farel aus der Stadt gewiesen wurde.

Nach kaum zwei Jahren verliess also Calvin das Feld seiner Tätigkeit wieder. Der hilflose Staat und die hilflose Kirche — wenn man die Genfer Gläubigen Kirche nennen darf — hatten ihn zur Bekämpfung ihrer gemeinsamen Gegner herbeigerufen. Nun glaubten sich beide gekräftigt und waren der strengen Kur überdrüssig: Calvin konnte gehen. Die praktische Anpassung seiner Lehren an ein Gemeinwesen war ihm nicht gelungen. Die Schuld schrieb er natürlich der ihm feindlich gesinnten Obrigkeit zu, unter der früheren hatte er doch Erfolg gehabt.

Was man Calvin nun tun sieht, ist für ihn ganz bezeichnend: Er wendet sich um Hülfe an das mächtige Bern. Dieses sollte mit der Aufbietung seines ganzen Einflusses die neue Obrigkeit dazu zwingen, der Aufgabe einer „christlichen" richtig nachzukommen. Dass er hier den Miturheber seiner Misserfolge — denn politische Rivalitäten mit Bern hatten Genf sicher nicht zum mindesten veranlasst, ihm den Laufpass zu geben — um Beistand für sein bedrohtes Werk anrief, zeigt uns, dass ihm Genfs geistige Entwicklung wichtiger war als dessen politische Stellung. Wir ersehen daraus, dass Calvin vor Zwangsmitteln nicht zurückschreckte. Seine Aufgabe in Genf hatte er klar ergriffen: Den menschlichen Geist galt es von dem Banne des Katholizismus zu befreien, dagegen den leiblichen, sinnlichen Menschen in strenge, geregelte Satzungen zu weisen, die Obrigkeit zur Handreichung bei diesen Arbeiten heranzubilden.

Warum sollte er sich da zur höheren Ehre Gottes nicht Berns bedienen? Warum nicht mit einem Anstrich von Quärulantentum wieder nach Genf zu kommen suchen? Die Ehre Gottes galt ihm mehr als die Ehre Genfs.

Wenn es in Genf nicht gelingen sollte, so liess sich Gottes Ruhm auch an anderen Orten fördern: Wir finden den Reformator bald darauf in Strassburg. Hier fand er ein wohlgeordnetes Regiment vor, gehandhabt von einem Rate mit weiten, idealen Gesichtspunkten. Keine Unruhen und Parteikämpfe verlangten strenge Massregeln. Die Kolonie der französischen Emigranten, die ihn zu ihrem Geistlichen machte, war stets willig, seine Lehren zu befolgen. Zur Förderung der Ehre Gottes brauchte

Calvin hier den Staat nicht, und ohne auf ihn Rücksicht nehmen zu müssen, arbeitete er an dem Ausbau seiner Gemeinde. Seine Tätigkeit in Strassburg zeigt uns, dass derselbe Mann, der in Genf jeden Augenblick an den Rat gelangen zu sollen glaubte, jetzt ganz ohne die weltliche Gewalt fertig wurde: Abendmahlsfeier, geistliche Gerichte und selbst die Exkommunikation funktionierten hier ganz nach Wunsch, wenigstens hebt er es dankbar unter dem vielen Uebel, von dem er sonst geplagt werde, hervor.[14]) Er deutet damit auf Anfechtungen, die ihm auch in Strassburg nicht erspart blieben, allein sie waren ausschliesslich theologischer Natur und dagegen glaubte Calvin sich eher gewappnet.

In Strassburg machte sich der Reformator an die Umarbeitung der Institutio Christiana. In den Genfer Jahren hatte er wenig Zeit zu intensiver schriftstellerischer Tätigkeit gefunden, wohl aber Erfahrungen gesammelt, die es nun zu verwerten galt. In Bezug auf das Verhältnis von Staat und Kirche bringt diese zweite Ausgabe der Institutio keine wesentlichen Neuerungen.

Für unser Thema ist dieses Hauptwerk Calvins von allergrösster Wichtigkeit. Der darin enthaltenen Theorie musste sich die Praxis beugen, davon abgewichen ist er unter keinen Umständen. Allerdings liess die Institutio Christiana verschiedene Wege zu zur Erreichung desselben Zieles. Das Vorgehen, mit dem Calvin in Genf begann, das er dann in Strassburg einschlug und das ihn endlich in Genf zum Ziele führte, war allerdings nicht immer dasselbe.

Regelte die Institutio vor allen Dingen die theologischen Verhältnisse der Kirche und des Einzelmenschen, so verlangte doch der praktische Zweck des Werkes die Darlegung eines mustergültigen Verhältnisses der Kirche und des Christen zum Staate. Ohne jede reale Grundlage geschaffen, brachte es häufig mehrere Lösungen einer einzelnen Frage. So kann z. B. die Wahl eines Bischofes auf dreifachem Wege vor sich gehen; wenn Zeiten oder Sitten es erforderten, sogar durch obrigkeit-

---

[14]) Henry I. 221.

liche Verfügung.[15]) Solche Stellen in seiner Schrift haben der calvinischen Lehre den Ruf der Elastizität eingebracht. Ihre Starrheit trat erst dann zu Tage, wenn es galt, sie irgendwo praktisch einzuführen.

Calvins Organisation des Kirchenregimentes ist rein demokratisch, sein Hauptzweck ist eine **strenge Kirchenzucht**. Den Staat will Calvin von der katholischen Bevormundung befreit und auf sein weltliches Gebiet allein beschränkt wissen. Um das zu erreichen, bedarf es einer genauen Scheidung der beiden Kompetenzkreise. Jede Gewalt bekommt ihr Gebiet zugewiesen und soll es — wenigstens in der Theorie — allein verwalten. Beide Gewalten haben aber dasselbe Objekt ihrer Tätigkeit, den Einzelmenschen und kommen deshalb häufig in die Lage, gemeinsam zu wirken oder einander zu unterstützen. Das sollen sie ohne jede Rivalität tun, im Bewusstsein, dass der Endzweck aller ihrer Arbeit die Förderung der Ehre Gottes auf Erden ist. Gott ist es, der diese Gewalten geschaffen und mit den entsprechenden Aufgaben versehen hat. Er hat damit auch die Menschen zum Gehorsam gegen sie verpflichtet. Wird nun eine der beiden Gewalten ihrer Aufgabe überdrüssig, versieht sie sie nicht recht, so hat sie auch kein Recht mehr, den Gehorsam des Einzelnen für sich in Anspruch zu nehmen. Die andere Gewalt aber behält ihn und wehe dem Menschen, der aus berechtigtem Zorn gegen die untreue Gewalt sich zur Auflehnung gegen die treugebliebene hinreissen lässt. Der Inhalt der Institution wird uns bei der vergleichenden Besprechung der einzelnen Verwaltungsgebiete noch genauer beschäftigen.

Der Strassburger Aufenthalt war für Calvins politische Interessen von grösster Bedeutung. Hier mehr denn anderswo hatte er Gelegenheit, den Gang der Politik und die Lösung aller schwierigen Fragen zu beobachten, die durch die Reformation an Staat und Kirche überall herantraten.[16])

Genf war inzwischen wieder so weit gekommen, dass es ohne Hülfe von aussen in der Stadt nicht Ordnung zu schaffen vermochte. Durch gelegentliche wohlwollende Aeusserungen

---

[15]) Spiess S. 306.
[16]) Cf. Kampschulte I. S. 328 ff.

Calvins ermutigt, versuchte es mit Erfolg, den Reformator wieder für die Stadt zu gewinnen. Doch nun machte dieser seine Bedingungen.[17]) Nicht mehr als blosser Geistlicher, sondern vielmehr als Organisator der Genfer Kirche wollte er nun gehalten sein. Er hatte das Gefühl, in Genf regieren, d. h. über Staat und Kirche, oder ausser ihnen stehen zu müssen. Als blosser Prediger mochte er den Genfern vor drei Jahren zu viel zugemutet haben, das fühlte er. Zunächst machte er sie nun darauf aufmerksam, dass sie in erster Linie gegen Gott gesündigt hätten und erst, wenn sie das anerkannten und bereuten, dann sei ihre Reue vollkommen.

Um diese zu beweisen, nahm der Rat alle möglichen Massnahmen vor, die der Reformator seinerzeit gewünscht hatte und zeigte eine an Selbsterniedrigung grenzende Zuvorkommenheit in der Erfüllung seiner Wünsche. Dieser Umstand mag wohl mit dazu beigetragen haben, dass Calvin später sehr wenig Rücksichten auf die Stadtbehörden nahm. Seine frühere Rücksichtnahme war gewiss mit an dem unheilvollen Selbstgefühl der Regierung schuld, das ihn das letzte Mal von Genf vertrieben hatte und ihm in der Zukunft noch oft lästig sein sollte.

Nach Genf zurückgekehrt, hatte Calvin nun vollauf zu tun, um die Erfahrungen zu verwerten, die er hatte machen müssen. Er hatte die impulsive Natur des dortigen Publikums gefühlt. Ein starres Gesetz war das einzige, auf das er sich in Zukunft stützen konnte. Nicht umsonst hatte er von seiner Rückkehr die Annahme eines solchen sich versprechen lassen. „A mon retour de Strasbourg, je fis le catéchisme à la haste, car je ne voulus jamais accepter le ministère qu'ils ne m'eussent juré ces deux points, assavoir de tenir le Catéchisme et la discipline. . . ."[18]) Am Tage seines Einzuges selbst mahnte er die Bevölkerung an ihr Versprechen und am selben 13. September 1541 schickte sich der Rat der Stadt an, ihm einen Ausschuss von sechs Ratsherren zur Mitarbeit an den projektierten kirchlichen Ordonanzen zu bestellen. Calvin schreibt über

---

[17]) Cf. Artikel an den Zürcher Rat bei Henry I. Beilage S. 47 f.
[18]) Bonnet II. 578.

seine Arbeit [19]): „Principio hinc fuit inchoandum, ut leges ecclesiasticae scriberentur. Nobis adjuncti sunt sex e Senatu qui eas conciperent. Intra viginti dies formulam composuimus, non illam quidem satis absolutam, sed pro temporis infirmitate tolerabilem. Ea suffragiis populi recepta fuit. Constitutum deinde Judicium, quod morum censuram exerceat ac ecclesiae ordini servando invigilet. Volui enim sicut aequum est, spiritualem potestatem a civili judicio distingui. Ita in usum rediit excommunicatio. . . ." Es galt, das Eisen nach seinem Geschmacke zu formen, so lange es warm war. Aeusserste Strenge war der Grundton des Entwurfes, aber nur wenige Monate später [20]) war er zum Genfer Staatsgesetz erhoben. Aus diesen „Ordonnances ecclesiastiques de l'Eglise de Genève", sowie aus den Verhandlungen mit dem Rate über deren Annahme, erhellt wiederum, wie Calvin seine Stellung auffasste.[21]) Nach allem stand er ausserhalb von Staat und Kirche. Beide Institute hatte er zu reformieren, weil beide Gott gegenüber ihre Pflichten verletzten. Er war der **Gesandte**, das **Sprachrohr Gottes**. Seine Vorschläge sollten als von Gott kommend betrachtet werden: „Nous vous prions de ne les (exhortations) prendre poent comme de nous, mays comme de celuy dont elles procèdent. . . ."

Hatten sich die Ordonnanzen hauptsächlich um die kirchlichen Angelegenheiten gekümmert, so galt es nun, auch Ordnung in die Staatsdinge zu bringen. Auch hier war die Zeit der Ernte, die Farel schon in baldige Aussicht gestellt hatte, noch nicht gekommen. Die Obrigkeit hatte in dem von den Ordonnanzen vorgesehenen Sittengericht bloss eine Schmälerung ihrer Rechte gesehen und Calvin beeilte sich, auch ihr ihr Teil an der Arbeit zur Förderung des Gottesreiches zuzumessen. Bereitwillig stellte der Rat denn auch gleich nach der Annahme der kirchlichen Ordnungen Calvin angesehene und bewährte Hilfskräfte zur Verfügung und entband ihn sogar von der Pflicht der werktäglichen Predigten, um recht bald im Besitze der „**Ordonnances sur le régime du peuple**"

---

[19]) Herminjard VII 409.
[20]) Am 2. Januar 1542.
[21]) Bei Richter, Kirchenordnungen I. S. 342 ff.

zu kommen.[22]) Die Kompetenzen des Rates, die sich aus den „Ordonnances ecclesiastiques" ergaben, und diejenigen, die er früher gehabt hatte, deckten sich nicht immer. Hier Klarheit zu schaffen, war der Zweck dieser bürgerlichen Ordonnanzen. Ihr Inhalt zeigt, was Calvin der weltlichen Gewalt allein überlassen zu können glaubte: Polizei, weltliche Justiz, öffentliche Arbeiten und Militär.[23]) Als oberster Gesichtspunkt figurierte hier wieder die Ehre Gottes. Was irgendwie zum Vorteile der Stadt Genf unternommen wird, ehrt Gott, ihren Schöpfer, aus diesem Grunde soll nichts unternommen werden, ohne dass dieser letzte, oberste Zweck berücksichtigt würde. Die strengste Bestimmung der Genfer Gesetze war hinfällig, sobald ihre Erfüllung die Ehrung Gottes in Frage stellte.

In der Auslegung seiner Verordnungen und vom Wunsche beseelt, alles zur Befestigung seiner Anordnungen zu tun, ging Calvin mit rücksichtlosester Strenge und Härte vor. Seine Erfahrungen hatten ihn gelehrt, Mitleid und Rücksicht zu unterdrücken. Das mosaische Gesetz bot ihm dabei Vorbild und Rückhalt zugleich. Das Volk Israel war Gottes Volk in der Vergangenheit gewesen, Genf sollte es in der Zukunft sein. Es galt, die Genfer vor späteren Enttäuschungen zu bewahren und ihnen gleich von Anfang an zu zeigen, dass es Schwerter seien, die Gott den Gewalten auf Erden gegeben habe. Calvin durfte es nicht dulden, dass durch Tolerierung der Sünde und Auflehnung gegen das göttliche Gebot, der Bischimpfung des Herrn Vorschub geleistet werde.[24]) „Les grands desbauchemens et énormes que je voy par le monde, me contraignent de vous prier à prendre aussy ceste sollicitude que les hommes soient tenus en bonne et honneste discipline. Surtout que l'honneur de Dieu vous soit recommandé pour punir les crimes dont les hommes n'ont point accoustumé de faire grand cas. . . . Or nous voyons au contraire en quelle estime Dieu les a. Il nous déclare combien son nom luy est précieux."

---

[22]) Cf. Kampschulte I. 417 u. Anm. 2.
[23]) Cf. Op. Calvini X. I. Spalte, 126 ff., 144 ff.
[24]) Cf. Bonnet II. 279.

Es sind nicht allein Mittel des Zwanges, durch die Calvin die Genfer Bevölkerung veranlassen wollte, seine Wege zu wandeln, auch durch augenfällige Bevorzugung einzelner Stände hoffte er sein Ziel zu erreichen. Während noch bei seiner Abwesenheit in Strassburg und bei seiner Zurückberufung die 200 und der Generalrat in der Genfer Politik den Ausschlag gegeben hatten, sehen wir jetzt den „Petit Conseil" und die „Syndics" Alles und Jedes machen. Waren ihm diese paar Männer günstig gesinnt, so gestaltete sich auch das Verhältnis von Staat und Kirche nach seinem Wunsche.

Allein auch diese Behörden konnten in Folge einer Wahl für Calvin ungünstig ausfallen, wohlgesinnt konnten sie im Uebereifer zur Ueberschreitung ihrer Kompetenzen gelangen. Beides war gleich schlimm, und so sehen wir Calvin zur Ausführung seiner Lieblingsidee schreiten, zur Schaffung eines Konsistoriums.

Schon in der „Mémoire de Calvin et de Farel sur l'organisation de l'église de Genève" hatten die beiden Männer eine solche Behörde gewünscht.[25] Der 9. der 14 Zürcher Artikel sprach den Wunsch ebenfalls aus.[26] Am 13. September 1541 wird das „consistoyre" in den Ratsprotokollen erwähnt, der kurz darauf fertiggestellte Entwurf der „Ordonnances ecclésiastiques" enthält allerdings weder den Namen, noch das Institut selbst, wohl aber einen Wahlmodus für die dabei beteiligten Ratsmitglieder. Dagegen weisen es die gedruckten Ordonnanzen von 1561 auf, ebenso seine Funktionen, sowie den Eid, den die einzelnen Mitglieder schwören müssen.[27]

Ohne Widerrede war der Rat zur Annahme der Ordonnanzen bereit und auch die Oeffentlichkeit scheint keine Einwendungen dagegen erhoben zu haben. Allein nur zu bald folgte auf diesen Uebereifer eine Ernüchterung. Calvin bemerkte, dass jetzt, wo sein Werk gerade lebensfähig zu werden begann, die Begeisterung bei der Obrigkeit nachliess, und zwar wiederum aus den nämlichen Gründen, wie vor sieben

---

[25] Cf. Gabérel I. 1858 p. 1 S. 108.
[26] Cf. Heury I. S. 47 ff. des Anhangs.
[27] Cf. dazu Kampschulte I. 394 f. Aum.

Jahren. Calvin hatte wiederum die Geduld und Selbstverleugnungsfähigkeit der Genfer überschätzt. Waren früher neben dem Drucke der neuen Verordnungen politische Umstände im Spiele gewesen, so verschafften heute Gründe im Wesen Calvins selbst und seiner Mitarbeiter der Unzufriedenheit neue Nahrung. Es ist schon früher darauf hingewiesen worden, dass Calvin keine patriotische Ader hatte. Es fehlte ihm jedes Verständnis für den Stolz und die Ambitionen des erst kürzlich selbständig gewordenen Staates. Er verunmöglichte die Entstehung einer selbstbewussten Bürgerschaft, die z. B. in Bern so sehr zum Emporkommen der Stadt beigetragen hatte. Für eine Reformation, die schlimmere Verhältnisse brachte, als die alten, bedankten sich die Genfer. Und wer waren denn ausser Calvin die Leute, die ihnen Tag für Tag ihr sündiges Leben vor die Oeffentlichkeit zogen, um so ihr Gewissen zu wecken? Menschen, deren Lebenswandel häufig selbst anrüchig war und deren heiliger Bekehrungseifer durch ihr Privatleben nicht gerechtfertigt erschien. Während gegebenenfalls ein fehlbarer Bürger vor das Konsistorium geladen und dann noch von der Staatsgewalt gestraft wurde, begnügten sich die Herren Geistlichen untereinander mit gegenseitigen brüderlichen Ermahnungen. Durch Zank und Lärmszenen forderten sie die Staatsgewalt geradezu heraus, sie polizeilich zu überwachen. Als dann gar in Genf die Pest ihre Opfer forderte und man zur Seelsorge für die Kranken einiger Geistlichen bedurfte, da versagten diese auf die kläglichste Weise. Mit grösster Mühe gelang es dem Rate, zwei Geistlichen diesen Dienst zu übertragen. Auch Calvin selbst gab Ursache zu Missfallen, trotz grosser Teuerung knauserte er den fremden Glaubensflüchtlingen gegenüber nicht, er mutete der Staatskasse in dieser Hinsicht grosse Opfer zu.

Solchen Vorkommnissen und Tatsachen hatte es der Reformator zu verdanken, dass die regierenden Männer sich nach und nach von ihm abwandten. Die Opposition griff immer weiter um sich. Wer sich von Calvin verletzt fühlte, und solcher Leute gab es eine grosse Menge, wer mit seinen theologischen Ansichten nicht übereinstimmte, wem sein strenges Regiment im allgemeinen nicht gefiel, trat ihr bei. Die Gesamtheit dieser Unzufriedenen, die von der späteren Geschichtschreibung den Namen „Libertins" beigelegt bekamen, fand die Forderungen Calvins unnatürlich. Die Theokratie, auf die Calvin hinarbeitete, schien ihnen nicht der einzige Weg zur Besserung der Zustände in Genf. Der Reiz der Neuheit hatte sie betört gehabt, daraus machten sie keinen Hehl.

Was von Calvin zu erwarten stand, traf ein. Nur durch stramme Verfolgung des eingeschlagenen Weges, nur durch unentwegtes Ausharren konnte der Erfolg errungen werden. Er durfte keine Furcht zeigen und verdoppelte seinen Eifer, um wenigstens die Majorität der Regierung der Sache Gottes zu erhalten. Dieses Weiterschreiten wurde Calvin recht sauer gemacht. Die vielen Prozesse, welche von 1546—1553 in den Blättern der Genfer Ratsprotokolle und Calvins Korrespondenz dominieren, zeigen, wie schwer er mit seinen Anhängern zu ringen hatte, um seine Grundsätze in Genf durchzuführen. Bei halber Arbeit durfte und wollte er nicht stehen bleiben. Gegen jeden, der seine Gebote verletzte, ging er rücksichtslos vor, ein Ansehen der Person kannte er nicht, den Rat galt es, seiner Aufgabe gewachsen und das Volk seiner Lehre gefügig zu machen. Gegen hohe Beamte (Ameaux, Perrin), oppositionslustige Theologen (de la Mare, Gruet, Trolliet, Bolsec, Servet), gegen vornehme Genfer (Favre), ja selbst gegen seine besten Freunde (Ami Perrin) handelte er mit derselben Energie.[28]) Jeder Sieg brachte Calvin neue Gegner ein, aber die Ehre Gottes war gerettet. Der Staat hatte seinen Namen als weltliches Schwert gerechtfertigt. Vortrefflich verstand es Calvin, seine Siege auszunützen (besonders im Falle Ameaux und Gruet), und in scharfen Schriften den Gegnern ihr Unrecht vorzuhalten. Jede Niederlage war für ihn ein neuer mächtiger Ansporn zu weiteren Kämpfen (Bolsec, Perrin).

---

[28]) Jeder dieser Prozesse ist mehrfach durch vorzügliche Monographien und Materialsammlungen gewürdigt worden: Cf. insbesondere die Arbeiten von Fazy über Bolsec, Gruet, Favre und Perrin, und Galiffe über Ameaux und de la Mare in den „Mémoires de l'Institut national Genevois" seit 1862, von Rilliet über Servet in den „Mémoires et document de la Société d'Histoire et d'Archéologie de Genève. Tome III.

Sämtliche Prozesse stellten die Staatsgewalt auf eine scharfe Probe. Fast alle betrafen sie den Staat nur in seiner neuen, von Calvin gelehrten Eigenschaft als Beschirmer der göttlichen Ehre. Ueberall war er sich seiner neuen Aufgabe wohl bewusst. Manche Vorfälle bezeugen, dass er nicht etwa immer einseitig dem von Calvin herstammenden Einflusse nachgab.[29]) Neben seiner Aufgabe, der Kirche zu Hülfe zu kommen, vergass er auch das weltliche Regiment nicht. Allein Calvin hat die ihm übelgesinnten Elemente im Genfer Rat immer zu besiegen vermocht. So oft sie gegen ihn auftraten, fand er Entgegnungen, denen sie auf die Dauer nicht Stand halten konnten.

Der Zorn der grossen Masse des Volkes, das ganz besonders unter den strengen Massregeln zu leiden hatte, kümmerte Calvin wenig. Die Wünsche des Publikums, seine Interessen und seine Denkungsweise hat er nie zu würdigen verstanden. Für allfällige Ausschreitungen desselben machte er stets ohne Bedenken die Obrigkeit verantwortlich.

Einen nicht geringen Teil des gegen Calvin gerichteten Hasses musste die junge Kirche entgelten, ihrem Fortkommen wurden mit Vorliebe Steine in den Weg gelegt. Ueber einen solchen Fall berichtet Calvin an Viret: „Nuper disceptationem habuimus cum senatu, sed quae statim fuit composita. Renuntiaverat nobis syndicus in consistorio, senatum ius excommunicandi sibi retinuisse."[30]) Je hartnäckiger Calvin auf seinen Forderungen beharrte, desto verzweifelter klammerten sich seine Gegner an die wenigen schwachen Punkte, die sein umsichtiger Geist genügend zu schützen versäumt hatte.

Die Angriffe betrafen in den meisten Fällen das Konsistorium. Aber es ging gekräftigt aus den Kämpfen hervor.

Calvins Taktik war eine ganz sonderbare: Er pflegte den Rat in einen inneren Konflikt zu bringen und benützte dann die Unentschlossenheit der weltlichen Gewalt dazu, ihr die geistliche Gewalt mit ihren Vorzügen zur Verfügung zu stellen. Damit setzte er zunächst seinen Willen durch und verpflichtete sich obendrein den weltlichen Arm noch. Dieser beeilte sich

---

[29]) Cf. Fall Berthelier und Raymond Chauvet in Gaberel I. S. 376. 2. Aufl.
[30]) Opera Calvini XI. p. 521.

dann seinerseits, ihm zu Willen zu sein, besonders wenn es galt, französische Glaubensflüchtlinge in das Genfer Bürgerrecht aufzunehmen und sich und seinen Vorschlägen dadurch eine zuverlässige Stimmenmehrheit zu sichern. Der Zorn der Genfer Bürgerschaft richtete sich ganz besonders gegen diese eingewanderten Refugianten, die treuesten Anhänger Calvins. Solchem Missverhältnis sah der Reformator mit Bangen zu. Hier, dem Volke gegenüber, war die sonst so schätzbare Wankelmütigkeit des Genfer Rates nicht am Platze. Am 16. Mai 1555 kam es zu einem Zusammenstoss zwischen Calvins Gegnern und seinen Anhängern. Er rechtfertigte Calvins Befürchtungen vollauf. „Parum obfuit, quin nox una nos omnes cum hac urbe perderet. Sed factum est mirabili Dei consilio ut prius remedium apparuit quam discrimen illud ultimum in quo nescientes versati sumus."

So lautet sein Bericht einige Tage später an Bullinger. Das „Remedium" war von dem Rate ausgegangen. Calvins Gegner hatten die Waffen zur Revolte ergriffen und waren somit im Unrecht. Seine Widersacher waren damit zum Revolutionspöbel herabgesunken! Mit äusserster Strenge, mit leider nicht immer lauteren Mitteln ging die Staatsgewalt unter Calvins Leitung vor.[31]) Am 8. September 1555 erhielten er und die Obrigkeit von den versammelten Räten noch die Zusicherung ihres vollen Einverständnisses. Dieselbe Versammlung begutachtete auch das von Calvin entworfene „Edit sur les fugitifz", welches die flüchtigen Aufrührer aus der Stadt wies und den Genfer Bürgern die Betreibung ihrer Rückberufung bei Todesstrafe verbot.

Bonivard, der diese Vorgänge in den „Advis et Devis de l'ancienne et nouvelle police de Genève" beschreibt, kommt zu dem Schlusse: „Le discours que hauons faict cy devant ne tendt pas fort a la louenge de Geneue, mais tant plus a celle de Dieu. . . ."

Von den alten Juden und Römern sagt er: „Eux hont perseuere en leurs meschancettes sans samender par admonitions que on leur fit de la part de Dieu; en sorte que Dieu les

---

[31]) Cf. Opera Calvini XV. S. 686 Anm. 2.

ha plustost delfaicts, que les faire gens de bien." Aber, fährt er fort: „Ce quil n'ha pas faict en nous. . . ."

Das bisher über Calvin Gesagte hatte den Zweck, seine Tätigkeit in Genf nach der Seite des Verhältnisses von Staat und Kirche darzustellen. Es zeigt, dass diese Frage nicht, wie z. B. bei Luther, bloss eine unter vielen war, die an ihn herantraten, es war die Frage seiner Reformation in Genf überhaupt. Erst wenn sich das Verhältnis von Staat und Kirche in seinem Sinne gestaltet hatte, dann hatte die Reformation in Genf gesiegt.

Der Staat.

Im bisherigen ist gezeigt worden, wie äussere Einflüsse die Auffassungen der Reformatoren in hohem Masse bestimmten. Während nun bei der Kirche als religiösem, auf die Bibel gegründetem Institut der gemeinsame Ursprung sich überall geltend macht, hat bei der Auffassung vom Staate die geschichtliche Situation in ihren verschieden gearteten Entwicklungen den Gedankengängen und Projekten der Reformatoren einen weit grösseren Spielraum gelassen.

Bei allen dreien finden wir praktische und theoretische Aeusserungen über den Staat und an seine Adresse, vornehmlich in Gutachten, Eingaben, Briefen und Widmungen. Alle drei waren sich darüber klar, dass nicht eine Negierung, Schmälerung oder Verachtung der weltlichen Gewalt das Reich Gottes fördern könne, wie man im Mittelalter (Thomas v. Aquino) geglaubt hatte und in den Täuferkreisen jetzt noch glaubte. Dieser Grund und der Umstand, dass die Machthaber und Regierungen sich teilweise um die Wissenschaften und nicht im mindesten um Staatswissenschaften sich zu kümmern begannen, veranlasste die Reformatoren zu theoretischen Auseinandersetzungen. An praktischer Betätigung war für sie, namentlich für Zwingli und Calvin, auch kein Mangel. Schon die Einführung ihrer Lehren verlangte eine tiefgreifende Aenderung im Gebiete des Staatslebens. Die Staatsorgane sind in der Reformationszeit allerorts von der raschen Entwicklung der neuen Ideen überrascht worden, sie liessen sich deshalb meistens willig raten und helfen.[1]) Besonders typisch ist das Beispiel Genfs, wo Calvin

---

[1]) Diese, allen Staatsregierungen jener Zeit gemeinsame Verlegenheit hat in der Literatur dazu geführt, Parallelen in der Denkungsweise der Reformatoren zu konstruieren, die kaum vorhanden sind: Rieker Grundsätze 174 f.

gegen dieselbe Unordnung in Staat und Kirche gleichzeitig und gleich wirksam auftrat. Für uns handelt es sich hier hauptsächlich um die Frage nach der Stellung des Staates in der göttlichen Weltordnung nach der Ansicht der Reformatoren.

Die Begabung für staatliche Angelegenheiten, sowie das Interesse daran, sind bei den Reformatoren durchaus verschiedene. Reger Anteil an staatlicher Entwicklung vereinigt sich indessen ganz gut mit starker Betonung der kirchlichen Vorherrschaft.

Luthers Interesse an Staatsdingen ist minim, da, wo er den Staat brauchen kann ist er dem Reformator willkommen und bekommt auch sein Lob gespendet. Der Regent, der Luthers Zwecken dient, erwirbt die Seligkeit unter Umständen besser mit Blutvergiessen als mit Beten. Handeln sie seinem Gotteswerke direkt oder indirekt zuwider, so heissen sie „die grössten Narren und ärgsten Buben auf Erden,"[2] sodass Fürsten „ein (rar) Wildprät im Himmel sind." Wohl gibt sich Luther in mancher Schrift eingehend mit dem Staate und der Sozialpolitik ab, aber in der grossen Mehrzahl der Fälle sind es Augenblicksstimmungen und Befriedigung momentaner, vorübergehender Wünsche und Bedürfnisse, die seine Feder führen.[3] Die Würdigung des Staates ist bei ihm in den meisten Fällen lediglich Stimmungssache.

Mit der Besprechung des Staates kommen wir auf das Gebiet von Zwinglis Hauptbefähigung.[4] Seine grosse Vorliebe für die Politik, verbunden mit einer begeisterten Vaterlandsliebe, lassen ihn neben der Reformation der Kirche auf eine Sanierung der staatlichen Verhältnisse Bedacht nehmen. Das Interesse an Zürich als Staat nahm Zwingli in gleicher Weise in Anspruch, wie das Interesse an Zürich als Kirche.

Calvins Staat hatte, wie bereits angedeutet, neben seiner Kirche wenig Raum. Das 20. Kapitel des 4. Buches der Institutio Christiana handelt ganz von ihm. Schon diese äussere Aufstellung als letztes von den 80 Kapiteln der „Unterweisung

---

[2] Erlanger Ausg. 22, 89; 23, 327.
[3] Cf. Frank G. Ward.
[4] Cf. W. Oechsli in Turicensia.

in der christlichen Religion" deutet darauf hin, dass Calvin nicht gesonnen war, ihm in seiner Lehre viel Platz einzuräumen. Ihm, dem Verfechter der Kirchenzucht und des straffen Kirchenregiments fällt zunächst die Aufgabe zu, Missverständnissen, beabsichtigten, sowie unbeabsichtigten, zu begegnen. Es gilt, den göttlichen Ursprung des Staates nachzuweisen. „Magistratum functionem non modo sibi probari acceptamque esse testatus est Dominus, sed honorificentissimis insuper elogiis ejus dignitatem prosequutus, mirifice nobis commendavit."[5])

Calvins Reformation war immer universal gedacht, Genf und Strassburg waren nur ihre zufälligen Anwendungsorte. So entspricht es denn ganz Calvins Eigenart, dass sein Hauptaugenmerk auf innere Verhältnisse des Gemeinwesens gerichtet sein musste. Es ist das sozialpolitische Gebiet, auf dem Calvin der Stadt Genf direkt förderlich gewesen ist.[6])

Er teilt die ganze administratio politica in drei Teile ein: „M a g i s t r a t u s qui praeses est legum ac custos, L e g e s secundum quas ipse imperat, P o p u l u s, qui legibus regitur et magistratui paret."[7]) Mit Magistratus gleichbedeutend sind alle übrigen Ausdrücke, wie princeps, rex, praefectus u. s. w. Alle Herrscher regieren von Gottes Gnaden und in Gottes Namen. Beratschlagen sie, so lenkt Gott ihre Versammlung, arbeiten sie Gesetze aus, so bestimmt er ihre Gesinnung. Auf die naheliegende Frage, warum Gott sich denn dazu der Menschen bediene, erwidert Calvin, sie seien ihren Mitmenschen als Helfer gegeben für die Zeit ihres Erdenpilgerns. Es gelten hier dieselben Gründe wie für die Verwendung von Menschen zu Helfern Gottes in der Kirche. Bald kommt Calvin auf den Hauptzweck des Staates zu sprechen, es ist der Gottesdienst, d. h. Arbeit zur Realisierung einer von Gott gewollten Sache. Die hauptsächlichste ist die Ermöglichung und Sicherung der Verehrung Gottes durch den Einzelmenschen. Der Mensch, der seine Pflichten gegen den Höchsten erfüllen soll, bedarf vor allen Dingen der Gemütsruhe. Insbesondere vermögen Gotteslästerungen ihm

[5]) Inst. IV. 20. 4.
[6]) Cf. L. Elster.
[7]) Inst. IV. 20. 3.

diese zu rauben und ihn unnötig zu erregen oder in Zweifel zu versetzen. Deshalb hat der Staat einmal Gotteslästerungen nicht aufkommen zu lassen. Nachteilig für die richtige Gottesverehrung sind auch ungeordnete Lebens- und Vermögensverhältnisse. Sie zerstreuen den Christen und lenken seine Aufmerksamkeit von den Dingen der Ewigkeit ab. Dem Staate fällt es deshalb zu, System und Ordnung in den sozialen und ökonomischen Teil des menschlichen Lebens zu bringen. Alle diese Aufgaben sind so wichtig, dass die heilige Schrift nicht ansteht, die Vertreter des Staates Götter zu nennen und ihren Beruf unter Hinweis auf David, Josia, Ezechias, Joseph, Daniel, Moses und Josua, sowie die Richter als einen äusserst geheiligten und ehrenvollen Stand zu bezeichnen.[8])

An diese hohe Würdigung ihres Amtes sollen die Obrigkeiten immer denken, dies wird ihnen ein „stimulus ingens" zur Erfüllung ihrer Pflichten sein und eine „singularis consolatio" bei den vielen vergeblichen oder undankbaren Mühen ihres Amtes. Calvin verhehlt somit die grosse Schwierigkeit nicht, das Amt der Obrigkeit zu Gottes Wohlgefallen zu führen.

Die Staatsgewalt soll aber nicht nur nach Gottes Willen handeln, sie soll auch nach seinem Willen behandelt werden. Wer sie verachtet, verachtet Gott, wer sie beleidigt, setzt sich leichtfertig der göttlichen Strafe aus. Das ist die „moquerie de Dieu = sugillatio Dei," ein Calvin so geläufiger Begriff, dass sie bei keiner Begründung seiner Drohungen gefehlt und seine Wirkung verfehlt hat.

In einem späteren Abschnitt (IV. 20. 9) geht Calvin dazu über, von den besonderen Pflichten der Behörden zu sprechen. Zunächst haben sie ihrem Werke eine legitime Grundlage zu schaffen durch die Unterstützung und Förderung der religio und des divinum cultus, oder, wie er später in einem Worte zusammenfasst: der pietas. In diesem Zusammenhang begegnet man auch einem seiner seltenen Hinweise auf die alten Klassiker („Philosophi" im Gegensatz zu „Christiani"), bei denen die erste Bedingung zu einem richtigen Staatswesen auch

---

[8]) II. Moses XXII. 8.

die Frömmigkeit gewesen sei. Die Forderung, wonach sich die Staatsbehörden von überirdischen Dingen fernzuhalten hätten, bezeichnet er als „stultitia", als ob Gott die Gewalten auf der Welt nur zur Schlichtung von „terrenae controversiae" geschaffen hätte. Der Inhalt der zweiten mosaischen Gesetzestafel bildet natürlicherweise ohne weiteres die erste Sorge der Magistrate und Calvin fordert sie denn auch auf, nicht bloss Statisten zu sein, sondern alles darauf anzulegen, durch wirkliche Besserung, durch die Tat sich ihres Amtes würdig zu zeigen. Aeusserste Strenge hält er für angebracht und zitiert einen Ausspruch (des Konsuls Fronto) aus der Regierungszeit des Nerva: „Malum quidem esse, sub principe vivere, sub quo nihil liceat, sed multo peius, sub quo liceant omnia."[9] Energie ist Gott wohlgefällig und eine Zierde für den Staat. Straft er, so ist er ein Werkzeug in der Hand des Herrn und soll sich nicht durch weichherzige Gefühle beeinflussen lassen. Selbstverständlich steht ihm das Recht, hinzurichten, zu. „Occidere Lex Domini prohibet: at ne impunita sint homicidia gladium in manuum suis ministris dat ipse Legislator, quem in homicidas omnes exserant."[10]

Noch eine andere Art des Mordes hält Calvin für erlaubt: den Krieg. Allerdings warnt er dabei die Obrigkeit vor Leidenschaftlichkeit. Die Schriften der Apostel seien zur Widerlegung dieser Ansicht nicht heranzuziehen, gäben sie sich doch nur mit dem geistigen Reiche Christi ab. Die Obrigkeit soll aber kein Mittel zur Vermeidung des Krieges unversucht lassen.

Die Durchführung der staatlichen Aufgaben bedarf des Geldes, die Fürsten sollen es sich durch Steuern und Zölle verschaffen dürfen. Auch ist ihnen zuzugestehen, dass sie auf Kosten des Staates einen ihrem Range entsprechenden Lebensstil führen („splendor domesticus"). Dabei sollen sie sich jedoch immer erinnern, dass die Steuern keine Privateinkünfte, sondern das Blut des Volkes seien, dessen Verschwendung ein grosses Vergehen wäre. Gleichzeitig wird ihnen eine möglichste Schonung der Staatsfinanzen ans Herz gelegt.

---

[9] Inst. IV. 20. 10.
[10] Inst. IV. 20. 10.

Von hier gelangt Calvin zum zweiten Punkte seiner Dreiteilung: zu den Gesetzen. Behörden und Gesetze ergänzen sich wechselseitig. Beide können für sich allein nicht bestehen, die letzteren werden aber für die ersteren und von ihnen erlassen und somit gilt für sie auch das von der Obrigkeit Gesagte. Er nennt sie denn auch ein lebendiges Gesetz und das Gesetz eine stumme Obrigkeit.[11]) Besonders betont Calvin noch das Gesetz, das mit Fug und Recht eine Sonderstellung einnimmt, weil es nicht von Menschen gemacht wurde, das mosaische. Eine völlige Uebereinstimmung mit ihm ist ganz ausgeschlossen, enthält es doch neben wichtigen, allezeit verbindlichen Bestimmungen viele äusserlichen belanglosen Elemente. In einem guten Gesetz finden sich die gottgewollten Bestimmungen des mosaischen Gesetzes ja auch. Dieser Ansicht hat Calvin am allerwenigsten nachgelebt, er hat die Grenze zwischen Nebensächlichem und Unwandelbarem nie richtig zu ziehen vermocht. Hier ist er infolgedessen auch von seinen Zeitgenossen wenig verstanden worden. Wurde ihm doch später zum Vorwurf gemacht, dass er den Sabbath zwar genau nach biblischer Vorschrift zu halten verordne, aber den Sonntag und nicht den Samstag dazu bestimmt habe.

Der dritte Punkt von Calvins Dreiteilung, das Volk, wird in einem späteren Abschnitt („Der Untertan") besprochen werden.

Die zahlreichen Zitate aus der Bibel in dem erwähnten Kapitel der Institutio zeigen uns Calvins ehrliche Absicht, genau nach der Vorschrift des Schriftwortes vorzugehen. Er lässt sich angelegen sein, die Obrigkeit ganz unter die Herrschaft Gottes zu bringen. Zu diesem Zwecke benützt er geschickt die durch Unruhen unter den Bürgern hervorgebrachte Verlegenheit der Regierung, um sie dann durch die Betonung der grossen Wichtigkeit und Berechtigung ihres Amtes zu erfreuen und für sich zu gewinnen. Dadurch gelang es ihm, sie in ein vollständiges Abhängigkeitsverhältnis von Gott zu bringen und ihre Aufgaben ihr im ganzen Umfange vom Standpunkte Gottes, d. h. der Kirche mit Erfolg vorzuschreiben.

[11]) Inst. IV. 20. 14.

Bedeutende Divergenzen zwischen Calvins Theorie und Praxis machen sich schon hier bemerkbar. Die von ihm der Obrigkeit zur Pflicht gemachte Sparsamkeit in der Finanzwirtschaft begann er ganz ausser Acht zu lassen, als es sich darum handelte, den bedrängten Glaubensbrüdern in Frankreich beizustehen und er verurteilte den Mangel an Bereitwilligkeit, den die Obrigkeit an den Tag legte. Auch seinen Geldbeutel hatte der Staat Gott und seiner Sache zur Verfügung zu halten. Für ihn mochte der „sanguis populi" immer fliessen. Zur Sache Gottes gehörten auch die Pfarrgehälter!

In allem Verkehr mit der Obrigkeit trug Calvin grosse Härte zur Schau, die nicht erst durch schlimme Erfahrungen und Herausforderungen in ihm geweckt werden musste. Es bedurfte nur einer kleinen Reizung, um Calvin zum Tyrannen zu machen. Bekannt ist sein Ausspruch, wonach er eine ungeschickte Bewegung des Henkers und dadurch hervorgerufene verlängerte Qualen eines Delinquenten als Willen und Absicht Gottes hinstellte. Wie sehr Calvin allen Grund gehabt hatte, auf das Tötungsrecht der Obrigkeit hinzuweisen, zeigt die Geschichte Genfs jener Zeit zur Genüge.

Der Zweck des calvinischen Staates verlangte eine ausgedehntere Fürsorge für den **einzelnen Untertanen**. Da war für Sozialpolitik ein weites Feld und Calvin zeigt uns durch seine persönliche Tätigkeit auf diesen Gebieten, wie wichtig sie ihm vorkam. Für den ganzen Bereich des staatlichen Lebens hatte er ein offenes Verständnis. Fortifikationswerke interessierten ihn als Schutz der äusseren Unabhängigkeit Genfs. Seine Tätigkeit auf dem Gebiete des Kreditwesens sollte in die Geldverhältnisse Ordnung bringen.[12]

So gut wie der Staat Gottes bedurfte, so sehr bedurfte er auch seiner Kirche und seines Sendlings Calvin. Gehorsam Gott gegenüber war tatsächlich identisch mit Gehorsam gegen die Kirche und die Person ihres Reformators.

Bei **Luther** würde man einen so klaren Begriff und eine so präzise Darstellung von der weltlichen Obrigkeit vergeblich suchen.

---

[12] Cf. Ch. de Boeck.

Die wachsende Reformbedürftigkeit der römischen Kirche und nichts anderes nahm während langer Jahre die ganze Tätigkeit des Augustinermönchs in Anspruch. Die passive Rolle, die der Staat der Kirche gegenüber gespielt hatte, mahnte zunächst nicht zum Aufsehen. Im Erfurter Kloster hatte Luther nur die Kirche kennen gelernt und sich ihr allein geweiht.

Die staatlichen Gemeinwesen im damaligen Deutschland waren denn auch weniger als anderswo dazu geeignet, der Reformation Dienste zu leisten oder wenigstens sich ihr anzuschliessen. Längst waren die Obrigkeiten auf allen Gebieten zur Defensive übergegangen. Kirche, Adelige, Sektierer und Bauern galt es, in respektvoller Entfernung zu halten.[13]

So hat sich Luthers Interesse nie auf den Staat als solchen konzentriert. Abgesehen von einzelnen kleinen Schriften, die eine Frage die gerade schwebte, zusammenhängend beantworteten, sind seine Aeusserungen über den Staat in seinen Werken zerstreut. Wenn er denselben brauchen kann oder ihn zu kritisieren Ursache hat, so äusserte er das in zufälliger Weise ohne Rücksicht auf früher Ausgesprochenes.

Man muss nun versuchen, durch Zusammenstellung und Würdigung der Aeusserungen dieser Art ein Bild von Luthers Staatsidee zu erhalten.[14]

Der Staat ist eine Summe von Menschen, und als solche zu einem Gott wohlgefälligen Leben verpflichtet, wie die Einzelnen. Dem Staate = Volk hat sich Luther nur vereinzelt und auf Anregung von aussen hin angenommen. Der Hauptfall war der Bauernkrieg, wo er die Masse des Volkes mit dem Namen „Herr Omnes" bezeichnet und in die gebührenden Schranken weist.[15] Als Mann der strengsten Ordnung, durch sein Mönchsleben aufs Aeusserste diszipliniert, war ihm die Menge wohl recht als Untertan, als Objekt kirchlicher Massnahmen, selbständig geworden, verdiente sie den Namen Pöbel, den Gott, auch wenn

---

[13]) Cf. Gothein.
[14]) Ganz vorzügliche Dienste leistet dabei das von Dr. J. K. Irmischer herausgegebene alphabetische Sachregister zur Erlanger Ausgabe, Bd. 66 f. 1857.
[15]) Erl. Ausg. 34, 217.

er das Recht auf seiner Seite habe, weniger leiden möge, als die Unrecht tuende Obrigkeit.

Unter „Staat" verstand denn auch Luther, wie übrigens Calvin, hauptsächlich diese. Einmal war es die begreifliche Erwägung, dass für die Reformation immer zunächst ein kleiner Teil von hervorragenden Menschen zu gewinnen sei, durch deren Einfluss man auf die grossen Massen wirkte. Sodann findet sich hier eine ganz speziell lutherische Eigentümlichkeit: Luther unternahm in weltlichen Dingen nichts, als was er direkt für seine Reformation ausnützen konnte. Die Obrigkeit ist die einzige Macht, die physische Zwangsgewalt über die Menschen hat. Sowie Luther ihnen etwas aufzwingen möchte, hält er dem Staat seine Kompetenzen vor und die Gottwohlgefälligkeit der Erfüllung von Luthers Wünschen. Passt ihm dasselbe einen Augenblick später nicht mehr, oder erhofft er von den Gegnern der Obrigkeit günstige Konzessionen, so steht er nicht an, genau das Gegenteil für richtig zu erklären. Alles, was er über den Staat sagt, ist somit relativ zu nehmen. So allein klären sich viele Widersprüche aus Luthers Schriften auf. Wir dürfen nicht davon sprechen, dass er wetterwendisch gewesen sei oder nach reiflicher Ueberlegung seine Anschauungen geändert habe, seine persönliche Ueberzeugung liess er in Staatsdingen oft aus dem Spiele. Er fragte nur nach der momentanen Opportunität und bildet hierin den direkten Gegensatz zu Calvin, der mit unerbittlicher Konsequenz seine einmal gefassten Pläne verfolgte. Um Luther gerecht zu werden, darf man nicht vergessen, dass er mit seiner Reformation die grösste Arbeit zu leisten hatte und dabei mit seiner Klostererziehung naturgemäss der am wenigsten weit blickende Reformator war. Nirgends konnte er sich, wie Zwingli, an geordnete Verhältnisse anschliessen und so beschränkte er sich darauf, die einzelnen Direktiven anzugeben und von Fall zu Fall Fragen zu beantworten. Aus den vielen so entstandenen Aeusserungen ein System zusammenzustellen, ist oft versucht worden.[16]) Wohl mit Unrecht! Luthers ganzer reformatorischer Werdegang

---

[16]) Z. B. Sohm, S. 549.

zeigt uns, dass solche Systeme, um genau zu sein, nur eine Zusammenreihung von lauter verschieden gearteteten Einzelaussprüchen sein könnten.

Am ehesten würde noch die erste Zeit seiner Reformationstätigkeit ein solches System gestatten, wo er mit Hülfe der bestehenden Kirche die Uebelstände beseitigen zu können glaubte, die ihr drohten.

Zu Gunsten des Staates im Sinne von Obrigkeit äussert Luther sich besonders gegenüber der Kirche und den Revolutionären der Reformationszeit, den Wiedertäufern.

Jedenfalls, so betont er, hat die Obrigkeit Recht auf Existenz, sie ist sogar für die Menschen notwendig. Sie „muss bleiben, dieweil die Welt stehet."[17]) Ihre Daseinsberechtigung leitet sie von Gott her, er hat sie eingesetzt zu seinem Dienst, ja nicht nur das, sie vollzieht einen Teil der göttlichen Geschäfte.[18]) Nicht bloss dass sie zu seinen Diensten von Gott eingesetzt worden sei, sie ist auch zum zeitlichen Heile und zur Auszeichnung der Menschen erstellt. So nennt sie Luther einen „Segen der Welt" (39, 228 ff., Erl. Ausg.), „ein Zeichen göttlicher Gnade",[19]) den „grössten Schatz auf Erden".[20])

Die Obrigkeit hat zwei hauptsächlichste Erscheinungsformen: Magistrate und Fürsten. Beide sind im Prinzip gleichgestellt. Dass Luther hauptsächlich, ja fast ausschliesslich von Fürsten spricht, ist leicht erklärlich. Nur selten war es der Rat einer Stadt (z. B. Prag), dem er mit Räten zur Seite stand. Immer wurde der Magistrat dann in gleicher Weise wie die Fürsten behandelt.

Luther liess es sich angelegen sein, den Fürsten nach der Seite ihrer Rechte, wie ihrer Pflichten ihre Stellung auseinanderzusetzen. Dasselbe verlangt er auch von den Geistlichen. (Erl., Ausg. 39, 235.) Er sagt es uns selbst, dass der Herzog Friedrich (Friedrich der Weise von Sachsen, † 1525) seine Schrift „von weltlicher Obrigkeit" sich gleich beschafft habe, mit einem

---

[17]) Erl. Ausg. 45, 272.
[18]) Erl. Ausg. 23, 24
[19]) Erl. Ausg. 57, 204; 61, 305.
[20]) Erl. Ausg. 39, 241. Auch 42, 202.

schönen Einband versehen liess ,und sie in hohen Ehren hielt.[21]
„Es hatte niemand gelehrt, noch gehört, wusste auch niemand
etwas von der weltlichen Oberkeit, woher sie käme, was ihr
Ampt und Werk wäre, oder wie sie Gott dienen sollt'. Die
Allergelehrtesten hielten die weltliche Obrigkeit für ein
heidnisch, menschlich und ungöttlich Ding. . . ."

Die Aufgaben der Fürsten sind erstlich soziale: Der Staat
hat Ordnung auf Erden aufrecht zu erhalten, er hat den Satzungen,
die Gott den Menschen gab, Nachachtung zu verschaffen. Er
sorgt für die allgemeine Wohlfahrt und regelt das Verhältnis
des einen zum andern, sowie des einzelnen zur Gesamtheit. Um
mit Erfolg arbeiten zu können, besitzt er das Recht der Strafe,
sowie die Verfügung über die Personen seiner Untertanen zur
Abwehr eines äusseren Feindes.[22] Den Fürsten betrachtet Luther
als Landesvater.[23] Vor allem, was seinem Volke schaden kann,
hat er es zu bewachen[24]: Vor Unwissenheit, Luxus, unnützer
Geld-[25] und Kraftverschwendung. Er hat dem Volke dafür alles
das zu gewähren, was es vorwärts bringt und was ihm nützt.
So hat er vor allem eine ausgedehnte Finanzpolitik zu treiben.
Sehr wichtig ist auch eine genaue Handhabung der Gesetze.
Luther stellt also aus rein sozialen Gründen dieselben Forderungen auf, wie sie Calvin zum Zwecke einer besseren Gottesverehrung vorbrachte

Ein Fürst, der alles das tut, verdient den Namen eines
feinen Weltregenten, aber noch ist er nach Luthers Dafürhalten
unvollkommen[26]: Zur Sorge für die allgem. Wohlfahrt gehört auch
die Förderung des Gottesdienstes und zwar dann, wenn der
Staat sich unter das Regiment Christi gestellt hat.[27] Dann gewinnen seine Aufgaben eine neue Wendung und es treten noch
andere dazu. Es wird dann das Wort Gottes massgebend für

---

[21] Erl. Ausgabe 31, 35.
[22] Erl. Aus. 43, 128 137.
[23] Erl. Ausg. 43, 210 213; 61, 380 382.
[24] Erl. Ausg. 24, 263 f.
[25] Dazu gehört wohl auch das Zahlen von Palliengeldern an Rom. Cf. „An den Adel".
[26] Erl. Ausg. 61, 316 f.
[27] Erl. Ausg. 39, 250.

jedes Vorgehen der Regierung Hat sie auf ihre Fahne das Zeichen Christi geschrieben, so übernimmt sie damit die Verpflichtung, der Sache Gottes auf Erden Heerfolge zu leisten.

Diese Auffassung von ihrer Pflicht als christliche Regenten möchte Luther den Fürsten beibringen, um sie seinen reformatorischen Zwecken dienstbar zu machen. Hatten sie diese Aufgabe erfasst, so brauchte er sie nur zu zitieren, um mit weltlicher Zwangsgewalt gegen alles das vorgehen zu können, was ihm nicht passte.

Wir wundern uns nicht, dass Luther dem Staate ziemlich bald zur Aufgabe machte, gegen die Missbräuche der damaligen Papstkirche, sowie auch gegen Gotteslästerungen vorzugehen, wie sie nicht bloss in Insulten Gott und der Bibel gegenüber, sondern auch in dem Bestehen der Sekten jener Zeit enthalten waren.[28] Dem Staate fiel ja auch nach Luther die Pflicht zu, Glaubenszweifel zu heben und Konzilien zur Erforschung der Wahrheit zusammenzuberufen. Zu Glaubenszweifeln musste auch verschiedener Gottesdienst an ein und demselben Orte führen. Unter diesem Gesichtspunkte empfahl Luther der Obrigkeit denn auch, nur einerlei Lehre an einem Orte zu dulden.

Es musste in seinem Interesse liegen, die Staatsgesetze von jedermann beachtet zu wissen: „dieweil weltlich gewalt von Gott geordnet ist, die Bösen zu strafen und die Frommen zu schützen, so soll man ihr Amt frei lassen geben, unverhindert, durch den ganzen Körper der Christenheit niemands angesehen, sie treffe Papst, Bischof, Pfaffen, Mönche, Nonnen, oder was es ist."[29] Damit hängt auch sein Rat an die Obrigkeit zusammen, ihre Rechte der Kirche und insbesondere dem Klerus gegenüber streng zu wahren, um sich so nach und nach loszulösen „von dem elenden heidnischen, unchristlichen Regiment des Papstes."[30]

Luther verlangt von dem Fürsten im ferneren Leutseligkeit und Zugänglichkeit, sie sollen Gewalt nicht vor Recht gehen

---

[28] Cf. S.
[29] Erl. Ausg. 21, 284.
[30] Erl. Ausg. 12, 20 ff. 2. Aufl. 20, 275.

lassen.³¹) Ueberall ist hier D. Martin, wie er selbst sagt, bemüht, dem Staate seinen gebührenden Platz einzuräumen. Ohne weiteres gestattet er deshalb auch, Kriege zu führen, wenn es sich darum handelt, die Unabhängigkeit des Volkes zu sichern.

Gilt es nun aber, den Staat seiner Kirche oder anderen Institutionen gegenüber als inferior darzustellen, so ist es auf einmal: „ein gar gering Ding für Gott und viel zu gering von ihm geacht, dass man umb seiner — des Staates — willen, er thu recht oder unrecht, sollt sich sperren, ungehorsam und uneinig werden." Hier sind wir bei einer der Diskrepanz in seiner Lehre angelangt. Hatte Luther der weltlichen Obrigkeit in der Schrift an den Adel und anderen die Sorge für Gottes Reich auf Erden zur Pflicht gemacht, so zeigt schon der Titel einer andern Schrift „Von weltlicher Obrigkeit, wie weit man ihr Gehorsam schuldig sei," dass er dem Staate diesen Nimbus der Göttlichkeit nicht länger zu gönnen gewillt war, und während er nach früheren Aussprüchen keinesfalls zweierlei Lehre an ein und demselben Orte dulden durfte, so sollte er jetzt nicht einmal mehr Irrlehren Halt gebieten können.³²)

Es kann nicht genug betont werden: der Grund dieser scheinbaren Widersprüche lag nicht, wie so oft behauptet wurde, in einer gewissen Unsicherheit oder gar später veränderten Ansicht Luthers. Die Entwicklung der Dinge war einfach so weit gediehen, dass er die Opportunität gewisser früherer Anordnungen für die neuen Zustände bezweifeln musste.

Die bisher aufgezählten Forderungen Luthers an den Staat genügen, um zu zeigen, zu welchen Wünschen die bestehenden Verhältnisse ihn anregten. Solange er noch innerhalb der bestehenden kath. Kirche seine Reformation durchführen zu können geglaubt hatte, hatte es für ihn kein Interesse, der weltlichen Obrigkeit eine andere Stellung einzuräumen, als die des gefügigen Werkzeugs in der Hand der Kirche. Als er dann gegen Rom zu stehen kam und einen Bundesgenossen brauchte, war ihm die Abhängigkeit der Fürsten von der Kirche ein willkommenes Mittel, sie durch die Betonung ihrer unwürdigen

---

³¹) Erl. Ausg. 22, 264 278 f.; 42, 18 f.
³²) Erl. Ausg. 22, 85 90.

Stellung und durch Verheissung besserer Zustände auf seine Seite zu bringen. War das geschehen und hatte sich die Reformation wenigstens einen Erfolg erkämpft, so galt es, den Helfer in der Not seinen Wünschen und Forderungen anzupassen, ihnen nicht den Nutzen des Papsttums, sondern den Willen Christi als Direktive zu geben. Sämtliche Aeusserungen Luthers lassen sich sozusagen in drei Gruppen einreihen:

1. Die Obrigkeit ist ein selbständiges Amt. Vordem lag sie ganz und gar unter den geistlichen Tyrannen, durch die Predigt des Evangeliums wurde sie über ihr wahres Wesen belehrt.[33])

2. Die Obrigkeit ist von Gottes Gnaden und hat (im Dienste der evangelischen Kirche natürlich) Straf- und Zwangsgewalt.

3. Sie soll gerecht und leutselig, und darauf bedacht sein, ihre Mängel abzulegen u. s. w.

Wenn wir bei Luther konstatieren müssen, dass seine schwere Aufgabe durch den Mangel einer jeden feststehenden, zur Reformation tauglichen staatlichen Organisation beinahe verunmöglicht wurde, so finden wir bei der Zürcher Reformation gerade das Gegenteil. Während Luther also gewissermassen ein gänzlich unbearbeitetes Feld beschert war, waren Zwingli von allem Anfang an enge Schranken gewiesen, die ihm aber zugleich Ausgangspunkt und Stütze baten. Als Hülfsmittel musste Zwingli vor allem die Obrigkeit erscheinen. Und zwar insbesondere eine Obrigkeit, wie er sie glücklicherweise in Zürich vorfand. Sie war es, die seinem Ideale am ehesten entsprach in ihrer Unabhängigkeit und Energie. Ihr konnte er sich und sein Werk getrost anvertrauen. Dabei war er gewiss auch von seinem persönlichen Verhältnis zur Stadt Zürich angenehm berührt. Die Obrigkeit war ihm in der schönsten Weise entgegengekommen, hatte ihn häufig um Rat gefragt und seinen Rat wert gehalten, ohne sich, wie Genf, in einer Zwangslage zu befinden. So sehen wir denn während der Zürcher Reformation eigentlich immer den Staat im Vordergrund. In seinem Unternehmungsgeiste und Schaffensdrang verwies er den Reformator von vorneherein eigentlich in eine passive Rolle: Zwinglis Wirken in Staats-

[33]) Erl. Ausg. 39, 226.

dingen bestand in einem Antworten auf Anfragen hin, die der Rat an ihn stellte. Infolgedessen steht die Obrigkeit bei Zwingli in sehr hohem Ansehen, als Ausgangspunkt, wie als Asyl für jeden, der für eine gute Sache kämpfte. Er vergleicht sie mit einem Dache oder Schirm gegen den Sturm.[34] Solcher Unwetter bringt das tägliche Leben viele. Sie sind so wenig zu meiden wie Hagelwetter. So sehr man sich bei einem solchen freut, irgendwo unterkriechen zu können, so dankbar muss man das Vorhandensein einer Obrigkeit anerkennen. Damit deutet Zwingli schon an, was er später ausführt: Fromme und Gerechte bedürfen der Obrigkeit auch, nicht nur die Bösen. Sein Staat hat nicht in erster Linie Straffunktionen. Aber nicht nur Böse und Gute, sondern ebensosehr Hohe und Niedere bedürfen seiner.[35] Er ist das Gemeingut aller in gleicher Weise. Im Gegensatze zu den Wiedertäufern betont Zwingli ausdrücklich, dass der wahre Christ der Obrigkeit gegenüber genau so viele Verpflichtungen habe, wie jeder andere. Das Christsein ist ein Seelenzustand, der allerdings auch auf das äussere Leben zurückwirkt. Die Obrigkeit beschränkt sich nur auf das äussere Leben. Wem nun der Staat mit seinen Gesetzen etwas anhaben kann, der beweist, dass es ihm am wahren Christensinn fehlt. Den Potentaten unter den Christen betrachtet er nicht als den Vornehmsten und Höchsten, sondern als den, der vorangeht, „wie ein Widder bei einer Herde Schafe."[36] Damit wendet sich Zwingli gleichzeitig gegen die Anschauung, dass ein Christ das Amt der Obrigkeit nicht bekleiden dürfe. Dieses Amt ist ein so schweres und versuchungsreiches, dass gerade die Eigenschaften des wahren Christen es sind, die man dazu nötig hat. Er weist dabei auf Moses hin, der nach Gottes Gebot weise und fromme Männer zu Richtern über das Volk gemacht habe. Auch das neue Testament liefert ihm Belegstellen dafür. Zwingli nennt Paulus, der im Römerbrief unter den verschiedenen Gaben, die den Gliedern der Kirche Christi

---

[34] N. V. II. 421.
[35] N. V. II. 450.
[36] N. V. II. 428.

verliehen seien, auch die Gabe des treuen Regierens vermerkt. Dabei ist er aber weit davon entfernt mit Rücksicht auf den gemeinsamen christlichen Bruderstand die Kluft zwischen Obrigkeit und Untertan zu verringern. Der fromme Herrscher hat Anspruch auf ganz besondere Verehrung und Gehorsam.[37])

Es ist sehr interessant, zu sehen, wie Zwingli keinen Moment mit Grübeln über utopische Staatsgebilde verliert. Für ihn ist es zwecklos, über dergleichen zu theoretisieren, von Wichtigkeit ist nur die Beobachtung und Remedur der vorliegenden Zustände. Ganz richtig erkennt er in dem „Zukunftsstaate" der Wiedertäufer den eigentlichen Aufruhr und zwar, weil sie wohl wissen, dass sie niemals zur Erreichung ihrer Ziele gelangen werden.[38])

Nachdem er die Obrigkeit als notwendig und nützlich dargestellt hat, kommt er auf ihre Entartung zu sprechen, überall die christliche Obrigkeit als Garantie für gute Zustände bezeichnend. Die Tyrannis ist eine solche Gefahr, der Fürst hat ja keinen über sich, der ihn zurechtweisen kann. Ist er gottesfürchtig, so wird er sich scheuen, unverantwortliche Dispositionen zu treffen. Aus demselben Grunde wird der Fürst sich von ungerechter Bereicherung und Nachlässigkeit im Regimente, vor Ruhmsucht und Verschwendung hüten.[39])

Aus dem Gesagten geht hervor, dass der Ausdruck „christliche Obrigkeit" bei Zwingli und Luther nicht den gleichen Sinn hat. Luther betont die persönliche Frömmigkeit des Fürsten nur wenig. Christlich ist seine Obrigkeit dann, wenn sie sich um religiöse Dinge kümmert. Der Gegensatz dazu ist heidnische Obrigkeit. Bei Zwingli ist christliche Obrigkeit gleich gottesfürchtige Obrigkeit, im Gegensatz zu gottloser Obrigkeit. Bei Zwingli können wir von „christlich" einen Komparativ und einen Superlativ bilden, bei Luther nicht. Dieser Unterschied lässt sich wohl davon herleiten, dass Luther es meistens mit der Obrigkeit einer Einzelperson, eines Fürsten zu tun hatte,

---

[37]) N. V. II. 426.
[38]) N. V. II. 423.
[39]) N. V. II. 451, 428.

Zwingli[40]) aber mit der Obrigkeit als Kollegium. Bei dem letzteren war es das individuelle religiöse Interesse des einzelnen Ratsmitgliedes, das bei der Abstimmung den Ausschlag gab, bei den einzelnen Fürsten mochten eher Opportunitätsgründe oder andere praktische Erwägungen ins Gewicht fallen.

Wie Calvin, so spricht auch Zwingli von den Gesetzen. Er bringt sie in engsten Zusammenhang mit der frommen Obrigkeit. Dieser muss es darum zu tun sein, dass zwischen dem Gott gehorchen und den Menschen gehorchen bei den Untertanen nie ein Dilemma entsteht.[41]) Zwingli bedient sich eines hübschen Bildes. Er vergleicht Gott mit einem Handwerker, der mit einer Richtschnur, eben dem Gesetze, das Objekt seiner Arbeit absteckt, um dann mit dem Beile am gegebenen Orte den Streich zu führen. Die Obrigkeit, so sagt er, soll sich nun merken, dass sie nur das Beil ist, mit dem Gott arbeitet. Das Beil ist es nicht, das die Richtschnur anlegt, es arbeitet nur nach ihren Angaben. Die Gesetze sind ihrem Inhalte nach von Gott bestimmt, die Obrigkeit hat nur dafür zu sorgen, dass ihnen nachgelebt wird. Besonders bei Präcedenzfällen hat der Richter genau nach Gottes Wort zu verfahren, es allein und nicht sein voreingenommener Verstand sollen sein Vorgehen bestimmen.[42]) Alle bestehenden Gesetze sollen von der weltlichen Obrigkeit darauf hin untersucht werden, ob sie für oder wider die göttlichen Normen sind. Auf diese Weise kommt Zwingli zu dem alttestamentlichen Strafsystem. Die unerbittliche Forderung der Talion und der biblischen Strafen für Ehebruch und Unzucht finden sich als Belege dafür in seinen Werken.[43]) Doch ist er hierin nicht zu weit gegangen, das zeigen seine Ausführungen dem Joachim Amgrüt gegenüber, der 1525 beim drohenden Aufstande der Landschaft den Bauern die Existenzberechtigung der Zehnten aus der heiligen Schrift nachweisen wollte.[44]) Bei

---

[40]) Deshalb konnte die Zürcher Obrigkeit auch im wahren Sinne des Wortes von allen Ungläubigen und Gottlosen gereinigt werden. Bezold S. 604.
[41]) Act. IV. 19.
[42]) N. V. II. 430.
[43]) Sch. & Sch. I. 437 ff.
[44]) Sch. & Sch. II. 2. 364 ff.

jeder solchen Gelegenheit ist der Scharfblick Zwinglis zu bewundern, mit welcher er die Gefahr erkannte, die seinen Neuerungen von Seiten allzu eifriger Förderer drohten.[45]) So war gewiss auch die Warnung vor übereiligem Strafen, die er in den Schlussreden gibt, nicht unangebracht. Wenn wir an diesem Orte den nachhaltigen Einfluss der heiligen Schrift und insbesondere des alten Testaments auf Zwingli konstatierten, so ergibt sich daraus die Gelegenheit zu einer Parallele zwischen Zwingli und Calvin.

Auch Calvin hat aus den Schriften des alten Bundes eine grosse Anzahl von Anregungen übernommen. Sie erscheinen uns geradezu als das Gesetzbuch Genfs und vielmehr als in derjenigen Zürichs, fühlen wir in der damaligen Geschichte der Rhonestadt die Starrheit, den Formalismus ihres Einflusses. Gerade dies passte zu dem Charakter des Genfer Reformators am besten. Die Gesetzgebung Mosis war so recht dazu geeignet, buchstäblich aufgefasst zu werden. Dazu kam noch die Reminiscenz an die alten Propheten und Könige. In einer Reihe von Zitaten und Beispielen kehren sie wieder, ein gegenseitiges Verhältnis, wie zwischen jenen, strebte er zwischen sich und der Genfer Obrigkeit an. Der Gott Calvins war nicht der nachsichtige Gott Vater des neuen Bundes, sondern der erzürnte Jehovah des alten.

Ganz anders Zwingli! Mehr als die Form wusste er den Kern der heiligen Schrift zu würdigen. In der ersteren sah er mit Recht einen abschreckenden Faktor und wusste sie geschickt abzuändern. Besonders aber war es gewiss der stark nationale Zug im alten Testament, der seine politisch-patriotische Natur mächtig anzog. Aus dem Schweizervolke, das ja in der damaligen Welt gewiss mit Recht eine Rolle spielte, ein Volk Gottes zu machen, das war sein Wunsch und sein Ziel. Dazu brauchte das mosaische Gesetz mit all seinen Schikanen nicht kopiert zu werden. Warum sollte man nicht von den bestehenden Institutionen Geeignetes dankbar aus Gottes Hand annehmen

---

[45]) Sch. & Sch. I. 365.

und verwerten, so vor allem die gute, tüchtige Zürcher⁴⁶) Obrigkeit.

Luthers Stellung zum alten Testament wurde bereits eingehend erläutert. Wenn es bei ihm nicht dieselbe Rolle spielte, wie bei Calvin und Zwingli, so mochte das neben einer gewissen Scheu vor Reibungen mit den Fürsten zunächst seinen Grund in des Reformators Idealismus haben, dem es bei seiner überwiegend religiösen Reformation wenig um die Besserung der bürgerlichen Lebensverhältnisse zu tun war. Das **alte Testament** schien ihm eben völlig durch das neue ersetzt und abgetan. Luther widmet der Frage übrigens eine eigene Abhandlung: „Bedenken, dass man nach Mosis Recht urteilen soll."⁴⁷) Warum das Verhalten Luthers von Hundeshagen als „vorsichtig" bezeichnet wird, ist mir nicht klar geworden.⁴⁸) Es ist nur zu konstatieren, dass Luther die Regenten für ihre Pflichten ausdrücklich auf ihr Landrecht und nicht etwa auf die Bibel und den Rat des Geistlichen verweist.⁴⁹)

In diesem Abschnitt, wie in verschiedenen anderen,⁵⁰) müssen wir unsere Aufmerksamkeit noch auf Zwinglis Schrift von der göttlichen und menschlichen Gerechtigkeit lenken. Die Menschen, sagt er, sind mit Bezug auf ihr Zusammenleben den göttlichen Geboten unterworfen. Da es nun aber solche gibt, die Gottes Strafe nicht fürchten und seine Gebote deshalb nicht achten, hat er auf andere Weise dafür gesorgt, dass sie ihren Mitmenschen nicht schaden können: Durch Schaffung der menschlichen Gesetze mit ihren Zwangsfolgen! Diese richten sich somit gegen alle diejenigen Vergehen, durch welche man seinen Nebenmenschen Nachteile zufügt. Wer solches tut, dokumentiert, dass er sich um Gottes Gebot nicht kümmert, er fällt also unter die menschlichen Strafbestimmungen. Die göttlichen Gebote enthalten aber mehr als das, sie ahnden auch die

---

⁴⁶) Bezügl. Berns und Basels Cf. Bullinger I. 440, II. 82, sowie Richter RO. I. 104, 120.
⁴⁷) Erl. Ausg. 53, 244.
⁴⁸) Beiträge S. 94.
⁴⁹) Erl. Ausg. 43, 137; 64, 265 f.
⁵⁰) Cf. S.   und S.

Verfehlungen Gott gegenüber, d. h. die heimlichen oder Gedankensünden. Diesen kommt er allein auf die Spur, sie unterstehen deshalb allein seinem Gesetz und werden mit seiner Gerechtigkeit beurteilt. Nach menschlicher Gerechtigkeit mag einer makellos dastehen, wenn er nicht stiehlt. Begehrt er aber im Geiste das Gut des Nächsten, so kann er vor der göttlichen Gerechtigkeit nicht bestehen. Die Sorge um die menschliche Gerechtigkeit hat Gott dem Staate übertragen. Gott kennt die Menschen genau und weiss, dass sie fehlen werden, für diesen Fall hat die Obrigkeit den Auftrag, zu strafen und zu bessern.[51])

Weil die Menschen das Gebot der Nächstenliebe nicht zu halten vermögen, ist ihnen die göttliche Gerechtigkeit entgangen, der Dekalog hat die inferiore menschliche Gerechtigkeit mit sich gebracht. Es ist nun Sache der Obrigkeit, dafür zu sorgen, dass man nicht der menschlichen Gerechtigkeit auch noch verlustig geht. Wäre das der Fall, so bliebe nichts anderes übrig als Selbsthülfe und man stünde vor der Anarchie.

Seinen Ausführungen entsprechend, unterweist Zwingli die Obrigkeit, denjenigen für einen braven Mann anzusehen, der z. B. noch niemandem einen Vermögenschaden zugefügt habe, wenngleich Gott eigentlich etwas Positives verlangt, nämlich die Unterstützung der bedürftigen Mitmenschen. Nur unter Frechen und Bösen hat die Obrigkeit Gewalt.[52]) Weil die menschliche Gerechtigkeit nur ein unbefriedigender Ausweg, ein Notbehelf an Stelle der göttlichen ist, darf die Obrigkeit der Verbreitung einer Grundlage für diese letztere, d. h. der moralischen Besserung der Menschen keine Hindernisse in den Weg legen. Dem Menschen ist von Gott immer das Streben nach der göttlichen Gerechtigkeit ans Herz gelegt, die menschliche ist nur ein Vorbereitungsstadium.[53])

Aus dem göttlichen Befehl der Strafe folgt das Recht der Obrigkeit, den Fehlbaren unter Umständen zu töten. Nicht umsonst führt sie das Schwert. Allein Zwingli bringt gleich wieder eine Einschränkung: Die Obrigkeit soll vorher das Recht sprechen

[51]) U. V. II. 435.
[52]) U. V. II. 438.
[53]) Matth. VI. 33.

lassen. Der Obere, der einen Menschen willkürlich tötet, handelt nicht als Obrigkeit, sondern als Mensch und für ihn gilt das sechste Gebot: Du sollst nicht töten!

    Stets soll sich der Staat seines göttlichen Mandates bewusst sein. Die Beobachtung seiner selbst daraufhin macht schon einen grossen Teil seiner Pflichten aus. Habgier, Ruhmsucht, Tyrannei bezeichnet Zwingli als die hauptsächlichsten Fehler, denen er verfällt.

Die Staatsformen.

Ueber die verschiedenen Verfassungsformen des Staates haben sich die Reformatoren ebenfalls Reflexionen gemacht. Blieb ihnen in Wirklichkeit nichts anderes übrig, als sich mit den bestehenden Formen abzufinden und ihnen ihre Einrichtungen anzupassen, so waren sie doch stets mit der Beobachtung, Kritik und Remedur der damaligen Zustände beschäftigt. Weil sie dabei alle mehr oder weniger von dem Standpunkte ihrer Kirchen ausgingen, so können wir aus ihren diesbezüglichen Aeusserungen Anhaltspunkte gewinnen für ihre Gedanken über das Verhältnis von Staat und Kirche.

Calvin gab sich direkt nur wenig mit dem Volke ab. Er liebte den Instanzenweg über die Stadtregierung und überliess es dann dieser, mit dem Volke fertig zu werden. Die Hauptsache war ihm, dass die Obrigkeit ihre Untertanen so weit in den Händen hatte, um sie immer zu ihren Pflichten Gott gegenüber anhalten zu können. Vereinzelt äussert sich Calvin allerdings über die verschiedenen Erscheinungsformen des Staates und weist treffend auf die Schwierigkeiten hin, die damit verbunden sind[1]: „Proclivis est a regno in tyrannidem lapsus; sed non multo difficilior ab optimatum potestate in paucorum factionem; multo vero facillimus a populari dominatione in seditionem." Alle Staatsformen haben somit ihre Schwierigkeiten, über sie abstrakt zu sprechen, hat keinen Sinn, es kommt auf die jeweiligen Umstände an. Eine ausgesprochene Vorliebe für eine von ihnen lässt sich bei Calvin nicht nachweisen, im Gegenteil, wir sehen ihn das Nebeneinanderbestehen verschiedener Staatsformen zur Erreichung eines gewissen Gleichgewichts unter den Völkern geradezu billigen. Bei Calvins Auf-

---
[1] Inst. IV. 20. 8.

fassung vom Staate ist diese Stellungnahme leicht erklärlich. In jeder Staatsform erkannte er Gott und sein Walten. Es waren ja verschiedene Wege zur Erlangung desselben göttlichen Endzweckes möglich, und so, wie es Gott mit den einzelnen Menschen verschieden hielt, den einen mit Glücksgütern segnend, den andern mit seinem Zorne heimsuchend, so war es auch bei den einzelnen Völkern. Vereinzelt äussert sich Calvin allerdings günstig über die aristokratische Republik. Doch scheint der Hauptgrund dieser Ausnahme der zu sein, den er selbst anführt: das Vorbild des alten Testamentes. Weil dort der Herr den Moses 70 Männern von den besten und vornehmsten die Leitung des Volkes übertragen liess, so war dies gewiss die beste Art der Regierung.

Luther gibt uns über seine Stellung zu unserer Frage gar keine Auskunft und das ist typisch für ihn. Wer seinen Mitmenschen Gleichgültigkeit in Staatsdingen empfiehlt, hat wohl den einzelnen Staatsformen wenig nachgegangen. Seine Hauptforderung dem Staate gegenüber war die Aufrechterhaltung der Ordnung. Luthers Studium war lediglich auf den einzelnen Christen gerichtet und nicht auf die Obrigkeit als Vertreterin und Beherrscherin der Menge. Die mannigfaltigen Staatsformen des damaligen deutschen Reiches hatten ihn gewiss daran gewöhnt, sich mit den verschiedensten Möglichkeiten abzufinden.

In dieser Frage hat man sich nicht zu verwundern, von Zwingli wiederum die abgeklärteste Antwort zu erhalten.[2]) Die Zürcher Republikaner und die Städte des evangelischen Burgrechts sollten von ihm über die grossen Vorzüge ihres Regiments unterrichtet werden: Die Frage nach der besten Staatsform ist eine eminent praktische, die nur im Hinblick auf historische Tatsachen, nicht aber durch blosse theoretische Erwägungen richtig beantwortet werden kann. Auf dieser Basis baute die Wissenschaft der Alten ihre Antwort auf, die Herrschaft eines einsichtsvollen, edlen Monarchen sei allen anderen Systemen vorzuziehen. Zwingli weist dies mit der Bemerkung zurück, dass dabei das Hauptgewicht einfach auf der

---

²) Cf. Sch. & Sch. V. 483 ff., IV 59.

guten Qualität des Herrschers liege, die ebenso gut bei einer Oligarchie oder Republik vorliegen könne. Zwingli bemerkt sodann, dass gerade in einer Monarchie die Gefahr, schlecht beherrscht zu werden, viel grösser sei, als in einer Obligarchie, wo unter den Regierenden gewiss immer rechtschaffene Männer zu finden seien. Eine lange, ununterbrochene Reihe von guten Regenten sei in der Geschichte eine grosse Seltenheit. Aus der alten Geschichte und der heiligen Schrift sucht Zwingli darauf nachzuweisen, dass unter den Monarchen die Hochhaltung der Frömmigkeit und die Unparteilichkeit — beides Grundlagen eines guten Staates — viel weniger garantiert seien als in einer Republik, wie sie Zürich in jener Zeit darstellte.[3]) Aus der ursprünglichen Weigerung Gottes, dem Volke Israel einen König (Saul) zu geben, leitete Zwingli ab, dass sogar Gott einer Republik am meisten gewogen sei. Ausser historischen führen ihn in seinen Erwägungen praktische Gründe, um eine Republik allem anderen vorzuziehen: Viele vermögen einer Sache, die an sie herantritt, eher auf den Grund zu kommen, als nur ein einzelner. Ihr Gedankenaustausch in den Sitzungen ist die beste Garantie für ein klares Verständnis ihrer Aufgaben. Eine Vielheit von Herrschern unterliegt weniger der Gefahr der Voreingenommenheit. Wenn das Volk die besten zu seinen Herrschern macht, so ist deren schlechtes Beispiel nicht zu fürchten. Von der Volkswahl verspricht sich also Zwingli die Ausscheidung aller zweifelhaften Elemente aus der Staatsleitung. Mit meisterhafter Feder sehen wir ihn die Gefahren schildern, die dem einzelnen Monarchen aus seiner eigenen Umgebung erwachsen. Schmeichler, Schmarotzer und Wucherer sind es, die den Bemitleidenswerten umgeben und in ihre Gewalt bringen. Nachher rühmen sie sich noch, zur Schwächung der Tyrannis beigetragen zu haben, während es das arme Volk ist, das durch Abgaben alles wieder einzubringen hat.

Damit kommt Zwingli auf den Unterschied von Republik und Monarchie auf dem finanziellen Gebiete zu sprechen. Bei der ersteren sind alle Staatseinkünfte gemeinsames Eigentum

[3]) Cf. Sch. & Sch II. 2. 371.

des ganzen Volkes, bei der letzteren gehören sie dem König und fallen bei seinem Ableben meist in unrichtige Hände.

Der letzte Nachteil ist sodann, dass der Fürst niemals ein wahres Urteil über sich zu hören bekommt. Endlich weist Zwingli auf die Wechselbeziehung zwischen Monarchie und Republik hin, wonach jeweilen die dekadente eine Staatsform von der anderen abgelöst wird. Dabei ist wohl ein Zusammenhang mit der in der antiken Staatslehre namentlich von Aristoteles und Polybius vertretenen Theorie von der Umwandlung der Verfassungen unverkennbar.

Auch die Republik weiss Zwingli nicht frei von Mängeln, wie denn unter den Menschen nie etwas Vollkommenes zu finden ist. Am ehesten lassen sie sich durch das Gebet unwirksam machen und durch die Gottesfurcht der Regierung selbst. Sie ist es, welche den Eidgenossen allein wird ihre Unabhängigkeit wahren können. Sie zu fördern, hat Gott den Obrigkeiten seine Propheten gesandt. Durch diesen Hinweis auf sich und sein Amt an der Obrigkeit nähert sich Zwingli ganz deutlich Calvin.

Im übrigen dürfte hier der Ort sein, sich gegen Hundeshagen zu wenden, der davon gesprochen hat, Zwingli habe in der Monarchie nichts Inadäquates gefunden.[4]) Er war der einzige Reformator, der die Frage nach der besten Staatsform einer längeren Erörterung gewürdigt hat, er hat dabei ganz deutlich ausgesprochen, dass die aristokratisch regierte Republik allen anderen Staatsformen vorzuziehen sei.

Der vorliegende kleine Abschnitt zeigt Zwingli nicht nur als politischen und theologischen, sondern auch als **historischen** Denker. Er allein von den Reformatoren hat aus der Geschichte wirklich gelernt. Er allein hat sie im Zusammenhang betrachtet und nicht bloss da angezogen, wo es gerade seinen Zwecken passte.

---

[4]) Hundeshagen-Christlieb II. S. 45.

Der Untertan.

Zum guten Staatswesen gehört ausser einer pflichttreuen Regierung ein entsprechender U n t e r t a n. Zwingli stellt der christlichen Obrigkeit geradezu einen christlichen Gehorsam gegenuber.[1]) Für unsere Betrachtung ist er deshalb ganz besonders wichtig, weil er das gemeinsame Objekt von Kirche und Staat bildet, weil bei ihm die Interessen beider Gewalten zusammenstossen. Die Art und Weise, wie sich die Reformatoren die Stellung des Untertanen denken, beeinflusst jedenfalls ihre Ansicht über das Verhältnis von Staat und Kirche. Zwingli, Luther und Calvin weisen denn auch auf diesem Gebiete bedeutende Verschiedenheiten in ihren Ansichten auf. Auf der einen Seite stehen Luther und Zwingli, die beiden Männer aus dem Volke, auf der andern Calvin, die unzugängliche Gelehrtennatur.

Wenn wir L u t h e r auch einen Volksmann nennen müssen, wenn seine Sprache, seine praktische Betätigung den wahren Kenner des Volkes kennzeichnen, so zeigt doch die Art und Weise, wie er den gemeinen Mann in der Theorie behandelt wissen wollte, dass Luther ihn total verkannt hat. Er hat es nicht verstanden, von einer realen Basis auszugehen: der gemeine Mann, wie ihn sich Luther denkt, ist eine Idealfigur.

Obenan finden wir den Satz, dass der Einzelne seine Gesinnung auch in weltlichen Dingen von Christus beherrschen lassen solle. Dieser soll für das Tun und Lassen des Menschen massgebend sein. Luther spricht nie von dem Bürger, es handelt sich immer nur um den Christen. Das ist für ihn besonders bezeichnend, der Mensch kümmerte ihn nur als Christ. Dieser soll vom Standpunkt der dienenden Nächstenliebe aus alle Aemter

---

[1]) Egli, Akten Nr. 1656, S. 704 unten.

annehmen und verwalten, die der Staat ihm überträgt.²) Im übrigen soll er sich aber möglichst passiv zum Staatswesen verhalten und soll die Obrigkeit mit ihrer Zwangsgewalt als eine der vielen Prüfungen auffassen, die Gott ihm während seines Erdenpilgerns auferlegt hat. Er soll somit aus dem Bestehen und Wirken des Staates keinen Gewinn und keine Annehmlichkeit erhoffen. Sucht der Christ solche, kämpft er um soziale Besserstellung, um bürgerliche Freiheit, um Abwälzung schwerer Lasten, so beweist er damit seinen Mangel an Gottvertrauen und seine sträfliche Abhängigkeit von vergänglichen, weltlichen Dingen. Aus demselben Grunde hat er absolut kein Interesse an der Förderung des Volkswohls. Der Christ soll die Obrigkeit auch nicht als für seine Zwecke geschaffen ansehen,³) er soll sie nicht mit seinen persönlichen Anliegen behelligen, kaum soll er Rechtsschutz bei ihr suchen.⁴) Für das alles hat er doch wenn er sich anders darum kümmern zu müssen glaubt, ein viel besseres Mittel: das Gebet.⁵)

Das Untertanenlos ist ihm von Gott zur Leidenszeit bestimmt.⁶) Natürlich ist infolgedessen Luthers Hauptforderung der Gehorsam.⁷) Gott steht ja hinter der Obrigkeit. Ohne Widerrede hat man ihr also Heerfolge zu leisten, Frondienste, wie Brücken- und Wegebau auszuführen und Steuern zu zahlen.⁸)

Luther betont, dass das Christsein es ist, welches dem Staatsbürger eine solch indifferente Stellung ermöglicht. Auch ohne die obrigkeitlichen Gebote würde er rechtlich handeln, sie sind für ihn überflüssig. Ihm Gesetze geben heisst so viel, wie einem Apfelbaum vorschreiben: „Trag Aepfel und keine Dornen!"⁹) Die Strenge der von Luther hier vertretenen Auffassung zeigt

---

²) Erl. Ausg. 24, 277.
³) Erl. Ausg. 1, 259; 22, 269.
⁴) Erl. Ausg. 43, 138 ff.
⁵) Cf. auch Erl. Ausg. 51, 315 f.
⁶) Erl. Ausg. 24, 277; 6, 365 ff., 368.
⁷) Erl. Ausg. 16, 197 (2. Aufl.); 22, 260; 23, 20; 50, 294.
⁸) Erl. Ausg. 12, 20; 23, 21; 43, 137.
⁹) Erl. Ausg. 22, 66 f., 69.

sich unter anderem darin, dass er die Uebertretung des Auswanderungsverbots mit dem Selbstmord auf eine Stufe stellt.[10]

. Mit dem Gehorsam hängt eng die Ehrfurcht vor der Obrigkeit zusammen: „Ist jemand im Regiment, den ist man schuldig zu ehren, nicht umb seinetwillen, sondern darumb, dass es Gottes Ordnung ist. ..." „Darumb, weil es Gottes Gewalt und Ordnung ist, muss man's ansehen, als man Gott sähe."[11] Man begreift, dass daraufhin Luther sein Gebot der Heiligenverehrung vorgehalten wurde. Er erwidert: „Möchte aber einer sagen: Thu ich denn nicht Unrecht, wenn ich die Könige anbete und thu einem Fürsten eine Ehre und den Priestern eine Reverenz mit dem Kniebeugen oder Hutabziehen? Warumb sagst du denn, ich thue ubel daran, dass ich die Heiligen anrufe, Mariam anbete? Darauf antworte ich: Wenn du einen Fürsten also ehrest, dass du siehest Gott durch ihn dir alles Gutes geben, da ist's recht, so thust du wohl. Denn du empfähest nicht den Friede und Schutz hie in diesem Land von Herzog Joanns Chürfürsten, ich verlasse mich auch nicht auf ihn, sondern Gott gibt dir durch diesen Mann, dass du Friede habest. Dass du also nicht bleibest haften an dem, durch welchen es dir geschieht, sondern kommest zu dem, der dir es durch den Fürsten gibet. Denn Friede ist ein Werk, das Gott allein zusteht zu geben, und ist nicht eines Fürsten oder anderer Oberkeit Werk."[12]

Trotz aller Selbstverleugnung des Christen können nun aber Fälle vorkommen, wo es ihm unmöglich ist, sich rein passiv zu verhalten. Luther sieht sich deshalb genötigt, auch von dem ungesetzlichen Wege, durch welchen solche Uebel beseitigt werden können und seinen Anwendungsfällen zu sprechen, allerdings gleichzeitig seine Unschuld an allfälliger Revolution betonend.[13] Das plötzliche Wahnsinnigwerden eines Herrschers rechtfertigt solche ausserordentlichen Mittel. In solchen Fällen kann eine Absetzung erfolgen. Dasselbe kann aber auch dann

[10] Erl. Ausg. 31, 67 f.
[11] Erl. Ausg. 34, 217.
[12] Erl. Ausg. 36, 270 f.
[13] Erl. Ausg. 14, 275, 255 f.; 65, 43 ff.

geschehen, wenn die Obrigkeit fortwährend Dinge anordnet, die den göttlichen Geboten zuwiderlaufen, denn: Man muss Gott mehr gehorchen, als den Menschen! Dasselbe gilt, wenn der Herrscher ein Tyrann ist und sich seiner göttlichen Mission unwürdig erweist, auch dann soll man ihn absetzen dürfen, ebenso ist, wenn er zu einem Kriege aufbietet, von dessen Unrechtmässigkeit man überzeugt ist, Heerfolge nicht zu leisten. Die weittragenden Konsequenzen dieser letzten Massregel mildert Luther aber wieder dadurch, dass er dem Gläubigen empfiehlt, von der Obrigkeit immer das beste zu denken.

Ein solcher aktiver oder passiver Widerstand hat aber eines christlichen Volkes würdig, ohne Unordnung, vor sich zu gehen. In allen anderen Konflikten und wenn sich bei den oben genannten andere Mittel finden lassen, ist das Antasten der Obrigkeit untersagt.[14] Es steht ihr in einem solchen Falle jede, selbst die grausamste Art der Unterdrückung zu.[15]

Luthers Predigt gegen den Aufruhr nahm eine besonders strenge Form an, als er seine Reformation vielfach dazu ausarten sah. Sie wurde als Mittel zur Erreichung materieller Vorteile namentlich von den Bauern missbraucht. Luthers demütigem, geordnetem Wesen war die Empörung in zwiefacher Weise zuwider: Als Missachtung einer göttlichen Institution, dann aber auch als Zeichen von weltlicher, materieller Gesinnung. Seine Abneigung gegen die Selbsthülfe geht so weit, dass er sich von vornehrein auf die Seite der Obrigkeit stellt[16]: „Ich halts und wills immer halten mit dem Teil, der Aufruhr leidet, wie unrechte Sach es immer habe und wider sein dem Teil der Aufruhr macht, wie rechte Sach es immer habe."

Was Luther hier von dem Einzelmenschen verlangt, galt auch für den Lehensfürsten, dem Kaiser gegenüber. Auch gegen ihn ist für die christlich gesinnte Vasallenobrigkeit jeder sonstige Widerstand verboten, möge der Grund ein noch so rechtmässiger, möge er Schutz gegen Rechtsverletzung,[17] und

---

[14] Erl. Ausg. 12, 21 ff.
[15] Erl. Ausg. 24, 290.
[16] Bezold S. 446.
[17] Erl. Ausg. 22, 264 f.

möge er sogar in den Staatsgesetzen als erlaubt vorgesehen sein.[18])

Die Stelle, die dies ausdrückt, ist höchst wertvoll zu einer Parallele zwischen Zwingli und Luther: Der Christ und alles, was der letztere christlich nennt, repräsentiert dieselbe Stufe der Vollendung, wie Zwinglis „göttliche Gerechtigkeit".[19])

Staatsgesetze können unter Umständen ein gewisses beschränktes Widerstandsrecht gegenüber dem Kaiser statuieren. Wer ihm also gegebenenfalls widersteht, handelt vor den Menschen gerecht, also nach Zwinglis „menschlicher Gerechtigkeit". Luther dagegen ermahnt den Christen, der als Fürst in einen solchen Fall kommt, zunächst sein Gewissen zu befragen, dieses wird ihm den Widerstand nicht erlauben (Zwinglis göttliche Gerechtigkeit).

Was sich Luther als zeitliches Endziel steckt, das erhofft Zwingli erst für das Jenseits. Er gibt sich, zumal in Staatsdingen, keinen Illusionen hin. Für Luther beweist uns dieser Fall nur, wie er, in Utopien sich ergehend, immer einen grossen Schritt der tatsächlichen Entwicklung der Dinge voraus war.[20])

Luthers Lehre von dem Verhalten des Untertanen zu seiner Obrigkeit ist für seine Reformation verhängnisvoll geworden. Jede Begeisterung für die gute Sache, jeder Plan mussten durch des Reformators ängstliche Massregeln erstickt werden. Das blinde Vertrauen auf die Opportunität der bestehenden Verhältnisse, die Nichtberücksichtigung jeder von seinem Ideal abweichenden Möglichkeit, musste jede Spannung lähmen, anstatt sie zu Gunsten der Reformation auszulösen.

Luther gab nie etwas aus der Hand, immer glaubte er, theoretisch noch die Verantwortlichkeit tragen zu müssen. Weil er nie wagte, etwas anderen Kräften abzutreten, waren seine Einrichtungen so wenig lebensfähig. Die Frage des Widerstandes

---

[18]) De Wette IV. 213, 221, 233.
[19]) Z. B. Sch. & Sch. I. 437 in Verbindung mit Matth. V 27 f.
[20]) Cf. z. B. auch Erl. Ausg. 20, 82; 51, 32 f.

wider die Obrigkeit ist bezeichnend für seine Gesinnung, wie für die Art seines Vorgehens. Entweder macht man sich die göttliche Gerechtigkeit zu eigen, man wird Christ, oder aber, man macht sie sich nicht zu eigen, verdient den Namen Christ nicht und gehört zu der grossen Masse der für Luther Indiskutabeln. Eine Möglichkeit, auf dem Wege der armen menschlichen Gerechtigkeit schlecht und recht der göttlichen nachzustreben, gibt es bei Luther nicht.

Zwingli hat mit Bezug auf seine Forderungen an die Untertanen ähnliche Ansichten, wie Luther. Auch er fordert vor allen Dingen Gehorsam und zwar tut er dies im Anschluss an Paulus. Das Gebaren der Wiedertäufer, welche vermeinten, ohne alle Obrigkeit auskommen zu können, bezeichnet er als Torheit oder Bosheit. Keine Mehrheit von Menschen kann ohne ein Oberhaupt leben. Die Christen sollen sich ihm also nicht entziehen, sondern darnach trachten, es möglichst zu bessern. In dem Falle eines schwachsinnigen Monarchen ist er weniger radikal als Luther. Die Christen sollen dann Gott um einen Moses bitten, der ihnen zur Freiheit verhilft.

Allein die Obrigkeit ist nicht nur unentbehrlich und hat deshalb Anspruch auf Gehorsam, sie ist auch von Gott eingesetzt, zur Wahrung der blossen menschlichen Gerechtigkeit. Dabei versäumt es Zwingli nicht, den Weg zur Erlangung der göttlichen zu weisen, indem er auf das Gewissen abstellt.[21])

Die Untertanen sind zur Zahlung von Steuern verpflichtet, diese sollen der Obrigkeit zur Lebenshaltung dienen [22]) oder ein Ersatz für aufgewandte Bemühungen sein. Nach einer anderen Stelle repräsentieren sie die Belohnung für ihre uneigennützige Tätigkeit, wodurch die Behörden um des gemeinen Bestens willen eigene Interessen versäumt haben.[23]) Auch hier stossen wir auf einen bemerkenswerten Unterschied zwischen Zwingli und Luther: Zwingli hält eigene weltliche Interessen für durchaus berechtigt.

---

[21]) Das Beispiel vom Schulbuben, der nicht lernen will. Sch. & Sch. I 436.
[22]) Cf. den splendor domesticus Calvins.
[23]) U. V. II. 450.

Die Zehnten betrachtet er als ganz ordnungsmässige Lasten, die auf dem einzelnen Grundstück liegen und die zur Unterstützung armer Glaubensbrüder dienen sollen.[24]) Bei der Erhebung neuer Abgaben ist allerdings das Volk zu befragen, geschieht es nicht, so ist die Steuer eine tyrannische Massnahme.[25])

Zwingli unterscheidet zwei Arten des Widerstandes, nämlich eine rechtmässige, erlaubte Entsetzung der Obrigkeit und eine Empörung.[26]) Bei der ersteren widersetzt sich ein ganzer Staat und nicht bloss einige Unzufriedene der Regierung. Wenn der Staat diesen Widerstand unterlässt, so bleibt ihm nichts übrig, als den tyrannischen Herrscher als Strafe Gottes anzusehen und zu dulden. Verschiedene Stellen aus dem alten Testament führen Zwingli zu dieser Annahme.

Die Entsetzung soll im Frieden vor sich gehen. Die früheren Wähler sollen zusammentreten und den Tyrannen seines Amtes entsetzen. (Hier erkennen wir die republikanische Denkweise Zwinglis.) Leicht kann es nun eintreffen, dass der Gemassregelte die gegen ihn Einschreitenden strafen wird, allein was schadet's; es ist besser in Ausübung eines göttlichen Befehls zu leiden, als unter Gottes Strafe. Bei einer Erbmonarchie wird man an die Stelle des schlechten Regenten am besten einen weisen Mann als Ratgeber oder Verweser des Fürsten zu setzen suchen, bei einer Tyrannis erscheint Zwingli das Einschreiten des ganzen Volkes als das gegebene, denn im Grunde regiert der Tyrann doch nur deshalb, weil das Volk ihn duldet.[27]) Die Gründe, die eine Selbsthilfe des Volkes rechtfertigen, sind [28]): Untreue Verwaltung der übertragenen Aemter, Uebermut, Verschwendung, Missachtung der göttlichen Direktiven.

Die Empörung, d. h. den aktiven oder passiven Widerstand des Einzelnen, verbietet Zwingli in jedem Falle, das ist denjenigen Schriftstellern gegenüber zu betonen, welche der An-

---

[24]) Sch. & Sch. II.¹ 386.
[25]) Sch. & Sch. I. 367.
[26]) Cf. Auslegung d. 42. Art. Sch. & Sch. I. 369 f.
[27]) Sch. & Sch. VI.¹ 567.
[28]) Anderseits frägt er sich aber doch wieder: „Impio magistratui debemus honorem, sed pio num non ampliorem?" Sch. & Sch. VIII. 179.

sicht sind, dass Zwingli durch den Artikel 42 der Uslegung das Revolutionsrecht des Volkes billige.[29]

Mit grossem Scharfsinn erkennt Zwingli das Wesen und die Berechtigung des Widerstandes. Er ist eine Prüfung für das Volk und den Regenten, diese wird zwecklos, sobald beide sich Mässigung auferlegt haben. Meistens sind es Leute mit niederen Motiven, wie Ruhm- und Gewinnsucht, die Empörungen inszenieren. Drangsale aller Art, auch in religiösen Dingen, soll der Christ dulden und ihnen nicht mit Widerstand entgegentreten, damit nicht die Lehre Christi in den Ruf komme, Unfrieden zu säen. Wer es doch tut, befleckt den Namen und das Ansehen des Herrn.

Ganz besonders waren diese Ausführungen Zwinglis gegen die Bauernsame gerichtet, die um ihre soziale Besserstellung glaubte aufstehen zu müssen.[30] Ihnen gegenüber betont Zwingli noch speziell das erzieherische Moment der Obrigkeit. Diesen Gedanken drückt er mit dem bekannten Verse aus:

„Schöne Pferd, wyte Feld und der gmein Mann,
Sind starke ding, der sy recht bruchen kann.
Lasst man sy jnen selbs gar und ganz,
Ligend sy wüst one frucht und pflanz."[31]

Die Veranlassungen zu den Erörterungen über das Recht des Widerstandes waren bei Zwingli und Luther dieselben. In Deutschland, wie in der Schweiz sehen wir die Landbevölkerung die Reformation zur Erreichung eines politischen und ökonomischen Vorteils benützen. Beide Reformatoren verwahren sich mit gleicher Energie dagegen, sie betrachten es beide als einen Missbrauch ihrer Lehren. Aber wie viel volkstümlicher, wie viel plausibler erscheinen doch Zwinglis Argumente. Ihnen konnte man nachleben, den lutherischen mit dem besten Willen nicht. Luther beurteilte das Volk von einer höheren Sphäre aus, bei jedermann den festen Willen voraussetzend, in erster

---

[29] „This article asserts the right of revolution" in Schaff. The Creeds of Christendom III.' 204. Bei Rieker, Grundsätze.
[30] Sch. & Sch. II.' S. 369 ff.
[31] Sch. & Sch. II.' 373.

Linie Gottes Geboten nachzukommen. Zwingli dagegen wusste sich in die Lage der grossen Menge zu versetzen, von diesem Gesichtspunkte aus wählte er seine Beispiele. Seine Lehren waren für den unvollkommenen Menschen zur Erreichung der Vollkommenheit durch die Tat bestimmt. Luther dagegen begnügte sich hier, wie oft auch anderswo, den Vollkommenen durch Negation des Unvollkommenen zu charakterisieren.

Schon im Anfang des gegenwärtigen Abschnittes haben wir auf Calvins Sonderstellung hingewiesen. Der stille Gelehrte, der in einer Monarchie wie Frankreich aufgewachsen war, hatte keine solche Fühlung mit dem Volke, wie der Leutpriester in Einsiedeln und am Zürcher Grossmünster oder wie der Augustinermönch aus dem Erfurter Kloster.

In seiner Institutio Christiana, die ja für das Volk bestimmt und obendrein dem Könige von Frankreich gewidmet war, musste er seine Ansichten über den Untertanen doch zur Sprache bringen.

Von ihm verlangt Calvin sehr viel: Nach der Lektüre der Institutio soll er unterscheiden können zwischen der leiblichen und geistigen Freiheit.[32] Er soll sich merken, dass, wenn er auch durch Christi Tod erlöst und aller Bande ledig ist, sich dies nicht, wie die Widertäufer glauben, auch auf seine persönliche leibliche Freiheit bezieht.

Geistiges Gelöstsein verträgt sich sehr wohl mit leiblicher Abhängigkeit. Solange die Menschen auf Erden pilgern, haben sie auf die bestehenden Gesellschaftsordnungen Rücksicht zu nehmen. Tuen sie es nicht, so berauben sie sich eines wichtigen Hülfsmittels zu ihrer inneren Vollendung. Man bemerkt hier gleich eine Uebereinstimmung mit Zwinglis Lehre, ohne zu verkennen, dass, was Zwingli als politische Erklärung und Begründung seinen Bauern mitteilt, hier zum Zwecke der Seelsorge, zur theoretischen Belehrung des Christen gesagt ist. Am Ende des 20. Kapitels des 4. Buches der Institutio kommt Calvin auf den Untertanen im Zusammenhang zu sprechen. Vor allem hat er der Obrigkeit als Dienerin und Vertreterin Gottes

---

[32] Spiess 383 f.

mit Ehrfurcht zu begegnen. Er soll sie nicht als ein notwendiges Uebel betrachten, er soll die Wohltaten, die sie ihm darbietet, dankbar benützen (z. B. die Gerichtshöfe) und nicht von sich aus handeln, wo die Obrigkeit es übernommen hat.[33] Wichtiger noch als die blosse Ehrfurcht ist die Befolgung ihrer Anordnungen, der Gehorsam gegenüber den Vorschriften ihrer Gesetze, das Bezahlen von Steuern, endlich die Uebernahme von öffentlichen Aemtern und Lasten. Alles dies kann man widerwillig tun, den Nachweis, dass man es aber ernst meint, erbringt man durch das Gebet für die Obrigkeit.[34] Durch den widerwilligen Gehorsam beleidigt man Gott.

Zu dem Gehorsam rechnet Calvin auch eine gewisse Bescheidenheit der Untertanen. Sie sollen sich nicht unaufgefordert in Staatsgeschäfte mischen, noch auffällig Misstände rügen oder korrigieren. Sie sollen ihre Anstände der Obrigkeit melden und von ihr den Befehl abwarten, sie zu heben. Diese Vorschriften aus der Feder Calvins zeigen, wie wenig er sich selbst als Genfer Untertan fühlte, er, der eigentlich fast seine ganze Zeit dazu benützte, sich unaufgefordert in die Genfer Staatsgeschäfte zu mischen.

Alle diese Forderungen verstehen sich von selbst, solange die Obrigkeit gut ist, solange der Regent mit Recht Vater des Vaterlandes heisst. Allein nicht selten erlebt man den Fall eines pflichtvergessenen oder eigennützigen, verschwenderischen oder gewalttätigen Herrschers. Auch ihn gilt es, mit Selbstverleugnung zu ehren, denn auch er ist von Gott gesandt, allerdings nicht als Zeichen der Gnade, sondern des Zornes. Der Untertan hat also stets im Auge zu behalten, dass Gott es ist, der den Herrscher und zwar auch den tyrannischen, schickt, er hat sich stets seine Verfehlungen zu vergegenwärtigen, die eine solche Strafe rechtfertigen. Er wird dann niemals auf die Idee verfallen, zu Selbsthilfe zu greifen. Er schuldet einem jeden Oberhaupte, selbst dem unwürdigsten, den Respekt vor dem Gesalbten des Herrn. Als einziger Trost bleibt ihm das Gebet zu Gott.[35] Dieser wird

---

[33]) Spiess 404.
[34]) Spiess 411.
[35]) (Wie Zwingli.)

dann, wie in biblischer Zeit den Moses und den Othnil, Männererwecken, die der Aergernis ein Ende bereiten werden.

Das einzige Recht des Widerstandes haben diejenigen Behörden, die die Verfassung des Landes zur Aufsicht über den Herrscher vorgesehen hat (Ephoren, Demarchen, Volkstribunen). Solche Institute sind die drei Stände. Würden sie eine gottlose Regierung stillschweigend mit ansehen, so wäre das eine Amtspflichtverletzung und ein Verrat am Volke.

Weisen auch Calvins Ausführungen verwandte Punkte mit den Aeusserungen Zwinglis auf, so erkennen wir doch sogleich, dass es eine andere Tendenz war, die ihm die Feder führte. Es war nicht Calvin als Politiker, sondern Calvin als Theologe, der so schrieb. Besonders fällt bei einem Manne von solcher Rücksichtslosigkeit und Härte das absolute Verbot des Widerstandes gegen den Tyrannen auf. Calvins theokratisches und fatalistisches Prinzip dringt hier durch. Der Tyrann ist die Personifikation des göttlichen Zornes. Gegen diesen darf man sich nicht auflehnen. Dagegen war dadurch der Kirche, eben jenen von Gott erweckten Männern, Gelegenheit geboten, den schlechten Herrscher zu bessern. —

Die Stellung der Reformatoren im Staate.

Da sich unsere Betrachtung darauf beschränkt, ein Bild von der persönlichen Ansicht der Reformatoren über das Verhältnis von Staat und Kirche zu geben, dürfte vielleicht hier der Ort sein, ihre persönliche Stellung zum Staate zu vergleichen.

Alle drei Männer sind Geistliche, alle sind Vertreter der Kirche, Calvin und Zwingli sind Weltgeistliche, Luther Klostergeistlicher. Schon dieser Umstand hatte, wie wir gesehen haben, einen grossen Einfluss auf ihr Vorgehen.

Luther ist von einem unerschütterlichen Glauben daran beseelt, dass die im Sinne Christi umgewandelte Kirche allen anderen Missständen abhelfen werde, während Zwingli und Calvin von Anfang an grosses Gewicht auch auf die sittliche Hebung und soziale Besserstellung des Volkes legen. Dazu kommt noch ein anderer Umstand, der Luthers Eigenart bedingt: Er ist infolge der politischen Verhältnisse seiner Umgebung darauf angewiesen, rein theoretisch zu reformieren. Nur selten war es ihm vergönnt, die Konsequenzen seiner Reformvorschläge rechtzeitig mitanzusehen und diese dementsprechend zu modifizieren oder zu erweitern. Luther hatte wohl theoretische Widersacher, aber kein praktisches Gegengewicht, keinen zur Umsicht und Hartnäckigkeit anreizenden Magistrat, wie z. B. den Genfer. Beides, das sichtbare, Korrekturen zulassende Objekt ihrer Reformen und den stimulierenden Widerstand hatten Zwingli und Calvin in reichem Masse. Bei ihnen kann man überhaupt von Staat und Kirche sprechen, bei Luther handelt es sich fast immer nur um kirchliche Gesichtspunkte mit eventuellen Folgen für den Staat.

Luther hat in seine Reformation seinen persönlichen Werdegang hineingetragen. Seine inneren Kämpfe, seine Unschlüssigkeit im Abfall von Rom machte seine Kirche auch durch. Sein grösster Erfolg war der Stachel, den er der Kirche und damit auch dem von ihr bisher unterjochten Staate einstiess. Bei einem solchen Stimulus liess Luther es in der Regel bewendet sein, dem Betroffenen blieb es dann überlassen, sich weiter zu helfen. Sass der Stachel einmal fest, begann seine Wirkung bemerkbar zu werden, dann glaubte Luther seine Aufgabe gelöst, dann beschränkte er sich darauf, allfällige Zweifelsfragen zu beantworten. Vielleicht ist es nicht ungeschickt, Luther im guten, wie im schlimmen Sinne den agitatorischen Reformator zu nennen.

Anders Zwingli und Calvin! Beide traten mit fertigen, abgeklärten Systemen vor ihre Gemeinden, die sozusagen ihre ersten Versuchsobjekte bilden sollten. Keinen Augenblick waren sie darüber im Zweifel, dass von Rom kein Heil mehr zu erwarten sei. Beide waren, jeder in seiner Art, Praktiker, beide praktisch in der Erreichung ihrer durchaus verschiedenen Ziele.

Diese Verschiedenheit hatte wiederum ihren Grund in den Persönlichkeiten und ihrer Vergangenheit.

Zwingli, ein Mann mit warmem Herzen für sein Volk und dessen hohe politische Anlagen, erwartete alle Hebung der bestehenden Misstände durch den Staat, den Staat nämlich als Vertreter des gesamten Volkes. Dieses sollte in moralischer und religiöser Beziehung gewissermassen eine Läuterung durchmachen. Ihm darin zu helfen, dieser Läuterung System zu geben, fasste Zwingli als seine Lebensaufgabe auf. Zürich hatte er zunächst soweit zu bringen und hoffte dann auf ein rasches Umsichgreifen seiner Anordnungen. Sein Ziel war dabei, ein Gottes Willen entsprechendes Gemeinwesen zu bilden, der Weg dazu war die Heranbildung oder Kräftigung einer gerechten Obrigkeit. Auf eine solche hatte er, da ja auf Rom kein Verlass war, sein Hauptaugenmerk zu richten. So bildete sich eine „christliche Obrigkeit", ein Gegenstück zur römischen Kirche mit Staatscharakter. Diese einzurichten, das Erbe der katholischen Kirche in Pflichten und Rechten dem Staate bewältigen zu helfen, sah Zwingli als seine Hauptaufgabe an, nachdem er sich klar geworden war, dass die allseitigen Misstände in seinem Lande an der Wurzel anzugreifen seien. Dass ihm bei dieser Arbeit sein eminent praktischer, umsichtiger Geist sehr zu gute kam, braucht nicht besonders betont zu werden. Ohne diesen und ohne die zürcherische Obrigkeit mit ihrer Bereitwilligkeit, sich helfen zu lassen, wäre Zwingli diese Aufgabe nie gelungen.

Calvin glaubte, auf einem anderen Wege zur Besserung der Zustände gelangen zu können. Die Schuld an allen bisherigen Misständen lag seiner Ansicht nach in der Korruption der Kirche. Anstatt sich nun, wie Zwingli, auf deren bisherigen Vasallen, den Staat zu stützen, und ihm zur Hegemonie zu verhelfen, glaubte Calvin — ähnlich wie Luther —, auf eine Besserung der Kirche und damit des ganzen christlichen Lebens hinarbeiten zu sollen. Bei einem jungen französischen Kleriker, der nie mit der Politik selbständig Fühlung gehabt hatte, finden wir das ganz selbstverständlich. Naturgemäss ging ihm das Vertrauen zur Hilfsbereitschaft des Staates in Kirchendingen ab. So kommt es, dass Calvin sich den Vorwurf gefallen lassen muss, gewisse Institutionen der römischen Kirche nicht nur beibehalten, sondern streng weitergeführt zu haben. Dies, sowie der Umstand, dass er von der Genfer Regierung zunächst als Retter in der Not behandelt wurde, war für seine persönliche Stellung bestimmend. Als Priester stand er nach katholischer Auffassung — und diese behielt er hier bei — zwischen Gott und den Menschen, allein dem ersteren für sein Tun und Lassen verantwortlich. Als Nothelfer der Genfer berufen, kam er sich wie ein Prophet vor, als Gesandter Gottes.

Zeitlebens war er den Genfern fremd, erst in den letzten Jahren seines Lebens verstand er sich dazu, Genfer Bürger zu werden. Ob er hier oder in Strassburg oder anderswo seine Tätigkeit betrieb, war ihm im Prinzip gleichgültig, ob er Genfer oder Franzosen unterstützte, machte für ihn keinen Unterschied aus. Stets hat er Genf nur als Uebergangsstufe, als Probierstein aufgefasst und grössere Ziele im Auge behalten. Das unterscheidet ihn ganz wesentlich von Zwingli: Seine Zuflucht zu einer Idealkirche und der daraus folgende Mangel jedes lokalpatriotischen Empfindens.

Während seiner ganzen Genfer Wirkungszeit führt er die Rolle des fremden Gesandten durch. Entspricht die Obrigkeit seinen Wünschen nicht, so droht er, die Stadt verlassen zu wollen. Von seiner Anwesenheit hängt Gottes Huld und damit Genfs Wohlfahrt ab. Gott hat Genf zu seinem Werkzeug gemacht, die Obrigkeit soll seine Kirche mit dem leiblichen Schwerte unterstützen, der Vermittler dieses Verhältnisses zu Gott und der dafür gewissermassen Verantwortliche ist Calvin. Sein Amt ist infolgedessen höher als alle anderen. Theaterstücke, die auf ihn gemünzt waren, nennt er „faites en deshonneur de Dieu". Seine Persönlichkeit hat aber damit nichts zu tun, solange dem Reiche Christi keine „entraves" geschehen, erklärt er sich bereit, alle Angriffe ruhig hinzunehmen.

Wer ihn beleidigt hatte, den wies er an, Gott um Verzeihung zu bitten.[1]) Aus seiner diplomatischen Stellung erklärt sich, dass Calvin das Konsistorium nie präsidierte, sondern es sowohl, wie den Rat, mehr nur von aussen beeinflusste. Hieher gehört, dass Calvin sogar Beleidigungen von französischen Emigranten als Beleidigungen Gottes mit der Exkommunikation bestrafte und endlich sein allerdings nicht verbürgter Ausspruch zu seinen Kollegen: „La nation est perverse et meschante et vous aurez de l'affaire quand Dieu m'aura retiré."[2])

Calvin hat die Notlage in Genf sehr geschickt benützt, um daselbst als Hilfe vom Himmel auftreten und festen Fuss fassen zu können. Achtung hat er dem kleinen Staatswesen nie gezollt. Sind auch von ihm direkt keine abschätzigen Aeusserungen über die Stadt bekannt, so kennen wir sie aus seiner Umgebung. Musste doch Corrault vom Rate eingesperrt werden, weil er die Genfer Behörden „royaume de grenouilles" gescholten hatte.

Calvin war von den Reformatoren auch derjenige, welcher sein Arbeitsfeld am schlechtesten kannte oder kennen wollte. Nirgends finden wir so viele eigentlich unbegründete Anstände, wie in Calvins Reformation. Er hat den Genfern zu viel zu-

---

[1]) (Prozess Gentilis.)
[2]) Bei Roget S. 81.

getraut. Allerdings hat er damit seinen Zweck auch erreicht, er hat den Willen der Genfer mit der Zeit so sehr geschwächt, dass sie bedingungslos seinen Anordnungen nachkamen. Diesem Umstande ist es zu verdanken, dass auf der ganzen Genfer Reformation etwas Drückendes liegt. Nirgends finden wir jene freudige Ueberzeugung in der Menge, wie bei Zwinglis und gar Luthers Reformation, aber auch nirgends jenes felsenfeste, erhebende Gottvertrauen, sondern die stete Angst vor Strafe und Rache.

Für Zwingli und Calvin bedingt der Zeitpunkt, an welchem sie ihre Arbeit antraten, einen wesentlichen Unterschied gegenüber Luther. Sie kamen gerade zu einer Zeit, wo die Reformation weit genug gediehen war, um organisiert werden zu können und zu müssen. Die Arbeit des Losreissens vom früheren Glauben war bereits gemacht. Nicht so bei Luther. Er hatte zunächst mit seiner ganzen Kraft das Gebäude niederzureissen und war auf den Wiederaufbau weder physisch noch geistig genügend vorbereitet.

Auch Luther und Calvin haben ihr Gemeinsames Zwingli gegenüber. Sie beide haben viel mehr kämpfen und sich ärgern müssen, als der letztere. Beide wollten die bestehenden Zustände ändern, der eine, indem er positive Vorschriften erst verfassen musste und sich mit ihnen dann an die Allgemeinheit, an alle Interessenten richtete, der andere, indem er die alten Vorschriften der Kirche richtig angewendet wissen wollte. Beide mussten allzu sehr auf ihrer Hut sein vor unvorhergesehenen Wendungen, der eine, weil er sein Werk zu wenig, der andere, weil er es zu viel in seinen Händen hatte. Anders Zwingli: Seinen persönlichen Einfluss behielt er ganz im Hintergrunde, er machte es entbehrlich, dass Zürich sich ihm anpassen musste. Dafür schob er aber den Staat vor und verhinderte so dessen Abneigung gegen die Aufgaben, deren Lösung er von ihm verlangte.

Wenn wir uns nämlich fragen, was ausser der Persönlichkeit des einzelnen Reformators für die Entwicklung des Verhältnisses von Staat und Kirche von bestimmendem Einfluss war, so dürfen wir nicht versäumen, ausdrücklich auf das unmittelbare Verhalten der Obrigkeit zu verweisen. Von ihr, von der Rom äusseren Schutz verlangte, hing zunächst Wohl oder Wehe des einzelnen Reformationswerkes ab, sie war es also, womit der einzelne Reformator zu rechnen hatte.

Zwingli, der geradezu mit offen Armen empfangen und mit dem grössten Zutrauen beschenkt worden war, zögerte keinen Augenblick, die Obrigkeit, die ihm dadurch ihre Reife und Fähigkeit bewiesen hatte, mit wichtigen, ihrer Würde entsprechenden Funktionen auszustatten. Luther, den man wohlwollend, doch ohne grossen Enthusiasmus hatte gewähren lassen, wurde dadurch jedenfalls nicht angeregt, der weltlichen Obrigkeit anders als gleichgültig gegenüberzutreten. Der hartnäckige Widerstand, den Genf Calvin entgegenbrachte, musste diesen zu zähem Angriffe und gründlicher Demütigung der Obrigkeit reizen.

Die Zürcher Regierung förderte das Reformationswerk vom ersten Tage an, die sächsische liess es gewähren, und die Genfer hemmte es: alle drei Regierungen haben damit die Stellung vorgezeichnet, die sie nach der Neuordnung der Dinge einnehmen sollten.

Die Stellung Zwinglis und Calvins zur Obrigkeit hat, wie schon oben bemerkt, viel Gemeinsames. Sie ist auch bei Zwingli schon mit derjenigen eines alten Propheten verglichen worden. Der Vorwurf, der diesem aber von Hundeshagen gemacht wird, als hätte er unvorsichtig seine einflussreiche Stellung zur Bestimmung der äusseren Politik Zürichs benützt, muss zurückgewiesen oder wenigstens modifiziert werden.[3] Wenn demgegenüber es Calvin als besonderes Zeichen von Vorsicht ausgelegt wird, dass er seine Stellung politisch nicht ausnützte, so ist darauf zu erwidern: In verhältnismässig kurzer Zeit hatte Zwingli das Verständnis der Zürcher Obrigkeit für sein Werk so weit gefördert, dass er sich auf sie verlassen konnte. Von ihrer Seite hatte er keine ernstlichen Quertreibereien zu fürchten oder zu bekämpfen. Deshalb blieb dem begeisterten Patrioten Musse genug, an der äusseren politischen Machtentfaltung

---

[3] Beiträge S. 218.

Zürichs, seines Arbeitsfeldes, mitzuarbeiten. Calvin anderseits hatte sich bis kurz vor seinem Tode mit der inneren Politik in Genf zu befassen, solange es in Genf gärte, durfte er seine Aufmerksamkeit nicht auf andere Orte richten. Was Zwingli durch seine äussere Politik bezweckte, das hoffte Calvin durch seine Schulen zu erreichen, sowie durch die Aufnahme der fremden Refugianten. Ihm dies als besondere Klugheit auslegen zu wollen, erscheint nicht angängig.

Die Kirche.

Die erste[1] Frage, die sich uns bei der Erörterung von Staat und Kirche in der Reformationszeit aufdrängt, ist die Frage nach der Kirche. Sie war es vorher gewesen, die in dem Zusammenleben beider Gewalten den Ausschlag gegeben hatte.

Die Besprechung der Kirche wird nur sehr kurze Zeit aufhalten. Auf den theologischen Kirchenbegriff, auf den Unterschied zwischen sichtbarer und unsichtbarer Kirche u. s. w. zurückzugehen, wie dies z. B. Rieker getan hat, scheint nicht angebracht.[2] Denn während früher die Kirche das stabile, dogmatisch festgelegte gewesen war, war sie durch die Reformation zu einem elastischen Gebilde geworden, das sich gar nicht einheitlich beschreiben lässt. Je nach den Umständen war sie in den Anordnungen der Reformatoren einmal so und einmal anders gedacht. Wir haben uns lediglich zu fragen, was von der sichtbaren, katholischen Kirche nach den drei Reformationen noch übrig geblieben ist, das im Stande gewesen wäre, mit der Obrigkeit irgendwie selbständig in Berührung zu kommen. Hierbei ist allerdings nicht zu vergessen, dass die Verhältnisse den Reformatoren vorgearbeitet haben, am deutlichsten liess sich das bei Zürich zeigen, allein auch vor der deutschen Reformation hatten sich Vorfälle genug ereignet, die zeigten, dass die Obrigkeit — z. B. Kurfürst Albr. Achilles — sich nicht scheute, sich in innere Angelegenheiten der Kirche einzumischen. Die Reformation hat von der römischen Kirche so viel los-

---

[1] Praktische Gründe nötigten uns trotzdem, in der vorliegenden Arbeit den Staat zuerst zu behandeln.
[2] Histor. Vierteljahrschrift 1898 S. 381 f.

gelöst und dem Staate übergeben, dass kaum etwas anderes als der Name Kirche übriggeblieben ist. Juristisch hat diese fast jede Sonderstellung eingebüsst.

Ihre materielle Gesinnung, ihr „Reich von dieser Welt" war ja vom religiösen Standpunkte aus gerade das Anstosserregende gewesen und hatte ihre Bekämpfung und die Reformation verursacht. Sollte ihre Verinnerlichung ganz zu Gunsten des Staates ausfallen? Ja, wenn dieser ein christlicher war! Hatte die Kirche ihre weltlichen Rechte auch dem Staate überlassen, so hatte sie doch einen Anspruch auf eine Gott wohlgefällige Führung desselben behalten. Wohl war ihr Einfluss in rechtlichen Staatsdingen gewichen, in kirchlichen sollte er bestehen bleiben.

Soweit sehen wir die Reformatoren einig. Die Frage, wer auf Erden diesen Anspruch auf eine Gott wohlgefällige Lenkung des Staates habe, d. h. wer nach aussen hin Kirche sei, die Frage, wie dieser Anspruch beschaffen sei und einige andere, führen sie dagegen auseinander.

Luther hat seine Kirche am meisten von der Welt zurückgezogen. Was er eigentlich Kirche nennt, ist eine Gott allein bekannte und somit für die Welt unbemerkbare Schar von Auserwählten. Wohl hat er in der Theorie eine Art von Gemeinde vorgesehen, allein praktisch ist sie nie geworden:

„. . . diejenigen, so mit ernst Christen wollen seyn, und das Euangelion mit hand und munde bekennen, mussten mit namen sich eyn zeychen, und etwo yn eym hause, alleyne sich versamlen, zum gebet, zu lesen, zu teuffen, das sacrament zu empfahn und andere Christliche werck zu uben.[3]) Inn diser ordnunge kund man die, so sich nicht Christlich hielten kennen, straffen, bessern, ausstossen, odder ynn den bann thun, nach der regel Christi Matth. XVIII. Hie kund man auch eyn gemeyne almosen den Christen aufflegen, die man williglich gebe und aus teylet unter die armen, nach dem Exempel S. Pauli 2 Cor. IX."

[³)] Richter K. O. I. S. 36.

Luther scheint die Mängel seines Vorschlages gar bald bemerkt zu haben. Wenige Zeilen später sagt er: „Kurtzlich, wenn man die leute und personen hette, die mit ernst Christen zu seyn begerten, die ordnunge und weysen weren balde gemacht. Aber ich kan und mag noch nicht eyne solche gemeyne odder versamlunge orden odder anrichten, Denn ich habe noch nicht leute und personen dazu, so sehe ich auch nicht viel, die dazu dringen."[4]

Wenn wir von Luthers Kirche sprechen, so ist es also kein Institut, das auf eine Gleichbehandlung mit dem Staate Anspruch macht, es ist lediglich eine Gruppe von Menschen, die dem Staate, der Obrigkeit gegenüber ihre religiös-idealen Interessen zur Geltung bringen. Das müssen diese Menschen tun, denn sie haben vor Gott eine Pflicht auf Erden zu erfüllen. Sie sollen sich ausbreiten und deshalb neue Glieder werben und sich stets sittlich rein erhalten. Mit dieser Absicht und mit ihr allein tritt die „Kirche" Luthers an die Oeffentlichkeit. Bei dieser Tätigkeit kann sie allerdings mit der Obrigkeit in Konflikt kommen.

Luther warnt davor, dieses äusserlich Sichtbare für die ganze Kirche anzusehen, es ist nicht einmal die Hauptsache, sondern nur wie Windeln, die man wohl braucht, um ein Kind in die Taufe zu heben, welche aber nichts zur Heiligkeit der Taufe hinzutun.[5] Jedenfalls darf man aber den Wert der äusserlich sichtbaren Kirche Luthers auch nicht unterschätzen, besonders gegenüber der katholischen bedurfte er eines äusseren Apparates. Das Volk war sich noch zu sehr daran gewöhnt.[6]

Von ganz ähnlichen Voraussetzungen ging Zwingli[7] aus. Eine kleine Republik, wie Zürich, gestaltete das Verhältnis der Kirche zu der Obrigkeit aber sowieso etwas anders. Rom hatte mit der Gunst oder Ungunst der Stadtmagistrate rechnen müssen,

---

[4] Richter K. O. I. S. 36.
[5] Erl. Ausg. 25, 385 f.
[6] Darauf bezügliche Auslassungen: Erl. Bd. 31 S. 122 f.
[7] Über seine Kirche äussert er sich einlässlich während des 2. Religionsgesprächs in Zürich (26. Okt. 1523) bei Sch. & Sch. I. S. 468. Er spricht in der Auslegung des 31. Artikels von den wahren Christen, „dero trost und vater und zuversicht Gott ist". Sch. & Sch. I. S. 337. Cf. Sch. & Sch. III. 126 & 130. Cf. übrigens Gottschick 575 ff. 588, 590.

und sich der ersteren durch alle möglichen Mittel zu versichern gesucht. Anerkannte schon das Waldmannische Konkordat eigentlich keine Sonderstellung der geistlichen Personen und Güter mehr, so wurde durch Zwinglis Anordnungen die Kirche in noch höherem Masse verinnerlicht, noch mehr von ihrer „irdischen Hülle" befreit. Als reine Geistesmacht begann sie, nur noch auf die Seelen zu wirken und sich damit ihrer ursprünglichen Aufgabe zuzuwenden.

Die Frage nach dem Erben der irdischen Güter der katholischen Kirche brauchte Zwingli nicht erst zu lösen. Die Antwort war gegeben, der Staat hatte sich bereits zu Zwinglis Zeit in die Rolle des Erben gefunden. Worauf der Reformator lediglich noch Gewicht zu legen hatte, waren die religiös-sittlichen Leitlinien für den Staat. Denn nur wenn dieser christlich war, wenn er sich seiner vermehrten Aufgabe als Erben der Kirche bewusst war, nur dann erfüllte er seine Pflicht. Wenn wir Zwingli politisch tätig sehen, so können wir häufig vermuten, dass er dem Staate bei seinen kirchlichen Aufgaben behülflich war. Wir ersehen daraus, dass Staat und Kirche in Zürich sich in Zwingli trafen und zwar nicht als zwei gleichberechtigte Gewalten, sondern die letztere als Verwaltungsdepartement des ersteren. Was zu „Kirche" und was zu „Staat" gehörte, stand noch keineswegs fest. Das lag im Ermessen Zwinglis, darüber pflegte die Obrigkeit stets seinen Rat zu vernehmen. Er hat die frühere weltliche Kirche zu dem „christlichen Prinzip im christlichen Staate" gemacht. Allein dies war erst das Resultat von langen, schlechten Erfahrungen. Auch er hatte zunächst den Versuch mit der Gemeinde gewagt, welche allerdings unter der Oberaufsicht der Obrigkeit selbstständig ihre kirchlichen Angelegenheiten regeln sollte. Dass er bei diesen „Kilchhören" [8] mehr an geistliche [9] Arbeit und Handlungen dachte, als gerade an die äussere Administration, zeigt sein Ausspruch, dass Küsnacht und Höngg eher eine Kirche

---

[8] Sch. & Sch. I. S. 198 f., 337 f.

[9] Aus einem Ausspruch des Praedikanten Rollenbutz in Bülach zu schliessen, war die Einführung der Neuerungen der Reformation Sache der einzelnen Gemeinden gewesen. Egli Akten Nr. 1358.

seien, als alle Bischöfe und Päpste zusammen.[10]) Die Zürcher Landbevölkerung hatte indessen Zwingli bewiesen, dass sie eines solchen Zutrauens nicht würdig war und deshalb übergab er die ihr zugedachten Kompetenzen bald der Obrigkeit, auf deren Tüchtigkeit er sich verlassen konnte.[11])

Die Rücksichten, die der Staat in Zürich auf die Kirche zu nehmen hatte, bestanden lediglich in Rücksichten Gott gegenüber. Handelte er so, wie es die Bibel für die christliche Obrigkeit vorschrieb, so hatte er seine Schuldigkeit getan.

In Genf gestaltete sich die Stellung der Kirche wesentlich anders. Während Zwingli und Luther sich begnügten, auf Gott und seinen in der Bibel festgelegten Herrscherwillen hinzuweisen, machte Calvin seine Stellung als Stellvertreter Gottes geltend und beanspruchte für sich und seine Kollegen die Durchführung der göttlichen Lenkung des Genfer Staates. Wenn es auch Calvin nicht positiv ausdrückte, so ist doch leicht ersichtlich, dass er sich und die anderen Geistlichen, sowie seine Gehülfen bei den verschiedenen kirchlichen Institutionen als die Kirche auffasste. Während Luther und Zwingli jedes einzelne Glied der menschlichen Gesellschaft gewissermassen auf seine Zugehörigkeit zur Kirche prüften und immer von den Auserwählten sprechen, die für Gottes Sache wirken, finden wir bei Calvin eine Zweiteilung. Er unterscheidet sozusagen eine aktive und eine passive Kirche. Die letztere schliesst überhaupt jedermann in sich, die aktive besteht lediglich aus Geistlichen.[12]) Sie fühlt sich vor Gott verantwortlich und leitet daraus das Recht der Kirche ab, überall da einzuschreiten, wo die Gefahr vorliegt, Gottes Missfallen zu erregen. Ja, noch mehr! Calvin leugnet die Mitverantwortlichkeit des Staates. Hinter der Kirche und nur hinter ihr steht Gott, der auch die weltlichen Angelegenheiten lenkt. Deshalb ist die Kirche berechtigt, mit dem Staat nach Gottes Willen zu verfahren, weil sie ihm denselben interpretiert. In Genf allein stehen sich Staat und Kirche als gleichwertige Gegner gegenüber, verfechten beide mit der gleichen

---
[10]) Cf. Sch. & Sch. I. S. 472.
[11]) Cf. Sch. & Sch. II. 1 S. 234.
[12]) Cf. Institutio IV. 1. 9.

Berechtigung ihren Standpunkt. Der Genfer Conseil ist keine „christliche Obrigkeit". Schärfer lässt sich der Unterschied der drei Kirchen präzisieren, wenn wir uns fragen: Auf welche Weise sichern sie sich vor Unannehmlichkeiten von Seiten des Staates?

L u t h e r s Kirche lehrt ihre Angehörigen Gleichgültigkeit in Staatsdingen, sie unterweist sie darin, solch weltlichen Dingen keinen Wert beizumessen, sondern auch unter einer schlimmen Obrigkeit getrost auszuharren.

Z w i n g l i s [13]) Kirche verbindet sich mit dem Gegner zur Erreichung ihres Zieles, die Kirche geht vollständig im Staate auf, so verschwindet sie vor seinen Augen, um ihn unmerklich ganz zu durchsetzen.

Beide genannten Wege laufen in ganz entgegengesetzter Richtung, beide sind für ihre Männer überaus typisch und vermeiden unnötige, schädliche Reibungen.

Einzig C a l v i n s Kirche verzichtet darauf, im Frieden mit dem Staate auszukommen, um den Preis der Selbständigkeit. Sie siegt nach einer Aufwendung aller ihrer Kräfte.

Zwingli und Luther haben diese Kräfte besser, nämlich zur Entwicklung eines frischen, lebenskräftigen Christentums verwendet.

---

[13]) Er vergleicht die Seinige übrigens in einem Briefe (4. V. 1528) an Ambrosius Blaurer mit derjenigen Luthers. Sch. & Sch. 8, 171 ff.

Die Kirchenorganisation.

Nachdem wir die beiden Gebiete von Staat und Kirche generell besprochen haben, wenden wir uns ihren einzelnen Verwaltungsgruppen zu.

Der Geistliche

Der Repräsentant der Kirche ist zunächst der Geistliche. So wie es Luther unternommen hatte, die Fürsten und Obrigkeiten an ihren richtigen Platz im Staate zu stellen, so unternahm er auch eine Umschreibung des geistlichen Amtes. Mit dem Amte der weltlichen Obrigkeit hat es viel gemeinsames. Luther versäumt nicht, darauf hinzuweisen.[1]) Noch wichtiger ist aber die Antithese gegen die katholische Welt- und Klostergeistlichkeit.

Während bei L u t h e r s Behandlung der Obrigkeit eine grosse Unsicherheit und Gleichgültigkeit auffiel, tritt hier eine ungeahnte Umsicht und Klarheit zu Tage.

Es galt zunächst, den Charakter indelebilis des Geistlichen zu leugnen.[2]) Zu diesem Zwecke betont Luther den Grundsatz des allgemeinen Priestertums. Dieser Grundsatz ist, wie viele andere, aus dem grossen Bedürfnis der Christenheit nach guten Seelsorgern hervorgegangen. Die katholischen „privilegierten" Geistlichen warteten ihres Amtes nicht richtig: „In solcher Not

---

[1]) Erl. Ausg. 36 S. 270.
[2]) Erl. Ausg. 40, 170 ff.

mag nicht allein ein jeglicher einen Prediger verschaffen, es sei durch Bitten oder weltlicher Obrigkeit Gewalt, sondern soll auch selbst berufen, lehren und auftreten, so er es kann; gleich wie Jederman zu laufen und treiben soll, wenns brennt in der Stadt."[3]) Allein den Satz in dieser Allgemeinheit konnte Luther nicht stehen lassen, er machte Einschränkungen. Einmal warnte er davor, den geistlichen Beruf aus Ehrgeiz oder Gewinnsucht zu ergreifen. Beides, Ehre und Gewinn, sucht man beim Predigtamte vergeblich.[4]) Alle unlauteren Elemente wollte Luther dadurch fernhalten, dass er eine innere Berufung verlangte.[5]) Zur Ausscheidung aller Unfähigen legte er Gewicht auf umfassende Menschen-, Sprach- und Bibelkenntnis.[6]) Auch Menschenkenner sollten seine Geistlichen sein. Gewalttätige Geistliche sind im Pfarramte nicht zu gebrauchen.

Eine ganze Anzahl von Stellen unterweisen den Prediger in praktischen Dingen, warnen ihn vor zu langen, zu kurzen, zu langweiligen Predigten,[7]) vor zu gelehrten Unterweisungen,[8]) und empfehlen ihm reiche Abwechslung[9]) und lautere Verkündigung des Wortes Gottes.[10]) Besonders bezeichnend für die kirchlichen Zustände während der Reformation ist es, dass Luther seine Geistlichen davor warnen muss, einander bei den Gläubigen den Rang abzulaufen.[11]) Nach ihm gibt es kein Vorrecht zur Verkündigung des Wortes Gottes. Wer den Drang dazu in sich fühlt und dieser Aufgabe infolge seiner Vorbildung gewachsen ist, der mag es tun. Die Fähigkeit, sein Wort zu lehren, wird von Gott verliehen. Deshalb ist auch eine menschlich gedachte Abstufung in höhere und niederere Geistliche ausgeschlossen. Luther kennt also keine Rangunterschiede[12])

---

[3]) Erl. Ausg. 22, 149.
[4]) Erl. Ausg. 11, 74; 24, 125; 39, 194; 43, 23; 48, 318; 59, 185.
[5]) Erl. Ausg. 39, 255.
[6]) Erl. Ausg. 28, 420; 57, 72; 59, 278.
[7]) Erl. Ausg. 59, 189, 222.
[8]) Erl. Ausg. 21, 30; 59, 266, 273.
[9]) Erl. Ausg. 59, 268, 271.
[10]) Erl. Ausg. 7, 213; 10, 146; cf. auch 12, 347; 48, 146 ff.
[11]) Erl. Ausg. 39, 254.
[12]) Schmalk. Art. bei Müller S. 330, 341.

innerhalb seiner Geistlichkeit.[13]) Gott ist es allein, der Abstufungen machen könnte. Die Menschen beobachten ja nur das Aeussere, beim Geistlichen weniger wichtige.

— Wohl kennt Luthers Kirche auch höhere Geistliche, die sogen. Superintendenten, allein ihren höheren Rang verdanken sie ihrer Eigenschaft als Staatsbeamte.[14]) Ihre Aufgabe bestand in der Prüfung der Kandidaten und in der Beaufsichtigung der Geistlichen. Die dürften also mit den Calvinischen Docteurs zu vergleichen sein. — Die Geistlichkeit ist dann auch keine Kaste mit Spezialjurisdiktion. Was den Geistlichen zum Pfarrer macht, d. h. die göttliche Mission, lässt sich überhaupt nicht unter ein Gericht stellen. Er steht rechtlich nicht über dem Volke, das ius divinum gibt ihm kein Vorrecht. Der Pfarrer bleibt menschlich betrachtet ein ganz gewöhnlicher Christ und Untertan.

Seine Aufgabe besteht in der Ermahnung und Belehrung der Christen und in der Ahndung ihrer moralischen Vergehen.[15]) An der Stelle der Jünger Christi führt der Geistliche die Binde- und Löseschlüssel. Als Hülfsmittel stehen ihm Predigt des Wortes Gottes, das Vorbild des eigenen Lebenswandels und insbesondere die Fürbitte zur Verfügung.[16]) Das Wort Gottes gebraucht er als Brot (geistige Nahrung) und als Schwert (Zuchtmittel) für die Gläubigen.[17]) Die Stellung des Pfarrers zur Kirche ist keine führende, sie ist die eines oder des Organs. Er ist mit allen denjenigen Handlungen vertraut, die das Wesen der sichtbaren Kirche ausmachen. Seine Stellung gegenüber Gott ist nicht dazu angetan, in ihm Herrschaftsgelüste zu wecken,[18]) er ist Gottes Mandatar und als solcher nicht „Meister", sondern „Zeuge des einigen Lichts".[19]) Er ist nicht mehr, „denn die Hand, die den Weg weiset,"[20]) und zwar weist er ihn dem

---

[13]) Erl. Ausg. 27, 107.
[14]) Erl. Ausg. 23, 61 ff.
[15]) Erl. Ausg. 57, 301, 332; 59 176 f.
[16]) Erl. Ausg. 23, 64; 13, 203.
[17]) Erl. Ausg. 7, 128.
[18]) Erl. Ausg. 15, 291.
[19]) Erl. Ausg. 15, 150.
[20]) Erl. Ausg. 18, 38.

Einzelmenschen und nicht der Obrigkeit. Letzteres werden wir als Calvins Auffassung kennen lernen.

Mit der Obrigkeit kommt der Geistliche in verschiedener Hinsicht zusammen. Einmal als Untertan. Hier verlangt seine Musterqualität eine peinliche Beobachtung aller Untertanenpflichten.[21]) Selbst die Heerfolge bleibt ihm nicht erspart. Dann tritt der Geistliche auch als Gehilfe und Mitarbeiter des Staates auf,[22]) wenn er nämlich in einem christlichen Staate wirkt. Er hat den göttlichen Befehl, den Menschen zum Guten zu ermahnen und den Frieden zu predigen.[23]) Weil die Obrigkeit auch aus Menschen besteht, ist er auch ihr gegenüber „Zeuge des einigen Lichts" und hat sie nötigenfalls auf den rechten Weg zu weisen und zu vermahnen, doch nicht als Gesamtheit, sondern nur als Summe von Einzelmenschen.[24]) Seine Ermahnungen werden deshalb nur religiöser, nie aber kirchenpolitischer Natur sein..

Luther gönnte seinen Geistlichen ein besseres Los als das seine. Durch seine Anordnungen, die alle praktischen Erfahrungen entsprangen, hoffte er, ihnen die Berührung mit der Welt zu erleichtern. Er dachte sich seinen Geistlichen in erster Linie als Seelsorger und Prediger. Die Welt um ihn her sollte ihn wenig kümmern, doch sollte er aus ihr seine Anhänger und Schüler gewinnen, er durfte also nicht abstossen.

Bereits haben wir auf Luthers Unbeholfenheit in der Anwendung seiner neuen Lehren aufmerksam gemacht. Während Zwingli und Calvin gleich mit ihren Aeusserungen und Vorschriften für die Geistlichen, ihre Stellung im Gemeinwesen vorzeichnen, müssen wir Luthers spärliche Aeusserungen über die Pfarrwahl z. B. in seinen ganzen Werken zusammensuchen. Wir kommen zu der Ueberzeugung, dass er auf die Regelung dieser äusseren, gesetzlichen Seite des geistlichen Standes wenig Wert legte.

---

[21]) Erl. Ausg. 33, 291.
[22]) Erl. Ausg. 13, 81 ff.
[23]) Erl. Ausg. 25, 12; 56, 15.
[24]) Erl. Ausg 56, 46 ff.; 59, 238.

Immerhin verlangt Luther — zunächst freilich Melanchton — in der Confessio Augustana eine ordnungsgemässe Einsetzung: „De ordine Ecclescastico docent, quod nemo debeat in ecclesia publice docere aut sacramenta administrare, nisi rite vocatus." Allein gerade bei dieser Bestimmung können wir uns des Verdachtes nicht erwehren, dass es sich um eine definitive Massnahme gegen Irrlehrer handelt und nicht um die Statuierung eines kirchlichen Gesetzes aus unabhängigen Erwägungen heraus. Nähern sich die Verhältnisse der Luther um Rat fragenden Gemeinwesen denjenigen der alten biblischen Christengemeinden, so fühlt er sich schon sicherer[25]): „Tum convocatis et convenientibus libere, quorum corda Deus tetigerit, ut vobiscum idem sentiant et sapiant, procedatis in nomine Domini et eligite, quem et quos volueritis, qui digni et idonei visi fuerint tum impositis super eos manibus illorum, qui potiores inter vos fuerint, confirmetis et commendetis eos populo et Ecclesiae seu universitati, sintque hoc ipso vestri Episcopi, ministri seu pastores. Amen."[26])

Wie wenig wir allerdings von einer solchen einmaligen Aeusserung auf Luthers wirkliche Gesinnung schliessen können, zeigt seine Erklärung an die Bauern, wonach er die Wahl und Besoldung eines Geistlichen von Seiten einer Gemeinde als unerlaubte Selbsthülfe darstellt, wenn die Obrigkeit einem Gesuche dieser Art nicht entsprochen habe.[27])

Auch über die Beaufsichtigung der Geistlichen drückt sich Luther nicht immer klar aus. Die Superintendenten, die er zu diesem Zwecke vorsieht, wurden bereits erwähnt. Allein neben ihnen verleiht er auch der Kirchgemeinde dieses Recht. Darüber gibt er in der „deutschen Messe" von 1526,[28]) sowie in der Schrift Auskunft[29]): „Dass die christliche Versammlung oder Gemeinde Recht und Macht habe, alle Lehre zu urteilen, und Lehrer zu berufen, ein- und abzusetzen: Grund und Ur-

---

[25]) Weimar XII. 193.
[26]) (An den Rat der Stadt Prag.)
[27]) Richter Gesch. S. 25.
[28]) Richter K. O. I. S. 35 ff.
[29]) Schenkel S. 222.

sach aus der Schrift" (1523).[30]) Allein der Umstand, dass kurz darauf die Hessen davor gewarnt werden,[31]) der Gemeinde eine so bedeutende Macht in die Hände zu geben, zeigt, dass man an der Opportunität dieses Prinzipes zweifelte. Schon dem Rate zu Prag gegenüber hatte Luther sich übrigens skeptisch über seine eigenen Vorschläge geäussert.

Richter ist der Ansicht, dass Luther nur theoretisch der katholischen Kirche gegenüber das Recht der Gemeinde betont habe, ohne ernstlich an seine Durchführung zu denken.[32])

Kaum dass er sich über das Theologische hinaus bewegte, kaum dass er praktische Vorschläge für äussere Organisationen machen sollte, so versagte die Sicherheit, die er in theologischen Dingen an den Tag legte, und tastend, oder Impulsen folgend oder auch da seelsorgerisch wirken wollend, geht er bei der wichtigen Aufgabe der Anpassung seiner Institution an bestehende Ordnungen vor.[33])

Eine richtige Verfassung der Kirche war nach Calvins Anschauung von dringender Notwendigkeit. Der sofortige Entwurf, die Beratung und Durchführung einer solchen waren deshalb eine Hauptbedingung für seine Rückkehr nach Genf gewesen. Kaum 14 Tage nach seiner Ankunft war der Entwurf mit Hülfe von sechs Mitgliedern des Rats fertiggestellt. Calvin gesteht selbst, dass er seine Forderungen nur mit Mühe in die Verfassung gebracht habe, er gibt zu, dass darin das Ziel seiner Wünsche nur zum Teil erreicht werden konnte.[34])

Das Amt des Pasteur, das er in der Institutio Christiana als von grösster Wichtigkeit für die Kirche bezeichnet — nützlicher als die Sonne, Speise und Trank für den Menschen — nimmt naturgemäss den wichtigsten Platz in Calvins Darstellung der geistlichen Aemter ein. Gemäss der Bibel teilt er die kirchlichen Funktionäre in vier Gruppen ein: Die Hirten, die Lehrer, die Aeltesten und die Diakone.

---

[30]) Erl. Ausg. 22, 140 ff.
[31]) Richter K. O. I. S. 56 ff.
[32]) Richter, Gesch. S. 55.
[33]) Z. B. Richter, K. O. I. S. 36, Spalte 1.
[34]) Herminjard III. S. 408 f.

Das Amt der Hirten ist weitaus das wichtigste, es ist das geistliche Amt im engeren Sinne, von Calvin nach I. Timotheus III. 15 gelegentlich „Säulen der Kirche" genannt. Lange nicht jedermann eignet sich zur Bekleidung dieses Amtes.

Rechtgläubigkeit und Lebenswandel des Kandidaten müssen tadellos sein, er soll ja den Menschen zum Vorbild dienen. Wie Luther und Zwingli, verlangt auch Calvin eine genaue Kenntnis der heiligen Schrift und die Befähigung, deren Inhalt den Gläubigen in erbaulicher Form mitzuteilen. Darüber hat der angehende Prediger ein Examen abzulegen vor seinen zukünftigen Amtsbrüdern. Calvin nennt dieses „le principal" der ganzen Einsetzung in das Amt. Vereinigte der Kandidat alle genannten Voraussetzungen auf sich, so konnte zur Wahl geschritten werden. Diese vollzogen seine Mitgeistlichen — offiziell: „la vénérable compagnie" —, um ihn dann dem Rate zur Bestätigung zu präsentieren. Diesem leistete der Kandidat den Amtseid, wurde dann mit einem Zeugnis versehen und dem Volke predigend vorgestellt.[35]) Calvin hatte für das Volk ein Bestätigungsrecht des Pfarrers vorgesehen. Der Umstand, dass es ihn aber, wenn er seine Stelle innehatte, nicht wieder wegwählen durfte, zeigt, wie problematisch dieses Volksrecht war. Die Einsetzung in das Amt erfolgte durch eine öffentliche, von einem Amtsbruder an den Geistlichen gehaltene Ansprache über die Bedeutung seines hohen Amtes und durch Gebete.

Die Lebens- und Amtsführung des Geistlichen unterstand der Aufsicht der „Vénérable Compagnie". Calvin war deren Vorsitzender. Namentlich wurde auf Reinheit der Lehre und Uniformität des Gottesdienstes hingearbeitet. Bei allfälliger Uneinigkeit sollten die Aeltesten um Rat gefragt werden, vermochten sie keinen Entscheid herbeizuführen, so gelangte man schlimmstenfalls an die Obrigkeit. Auch hier hatte diese also aushülfsweise die Sache Gottes zu fördern.

Calvin kennt auch eine Art von geistlicher Gerichtsbarkeit. Aehnlich wie in der Synode bei Zwingli traten die Geistlichen von Zeit zu Zeit zu gegenseitiger Zensur zusammen.[36])

---
[35]) Richter I. 343.
[36]) Cf. Bullinger Bd. II S. 3 ff.

Zum Zwecke der Massregelung Fehlbarer standen zwei Mittel zur Verfügung: Amtsentsetzung und Vermahnung. Dieser Einteilung entsprechend unterschied man zwei Arten von Vergehen: Mit dem geistlichen Amt unvereinbare und rügebedürftige. Zu den ersteren gehören alle Verfehlungen gegen Sitten- und Staatsgesetze (also auch gegen die „Ordonnances ecclésiastiques"), zu den letzteren mangelhafte, unseriöse Amtsführung, überhaupt unwürdiges Benehmen.

Die Aufgaben der Geistlichkeit zerfallen in solche gegenüber dem Volke und solche gegenüber der Obrigkeit.

Dem Volke hat der Pfarrer Gottes Wort und Willen auszulegen. Er ist der Vertreter („lieutenans") und Verfechter von Gottes Sache in seiner Gemeinde. Er ist recht eigentlich der Mittler zwischen Gott und den Menschen.

Weit vielseitiger sind seine Aufgaben der Staatsgewalt gegenüber. Eingangs mag hier erwähnt werden, dass Calvin den Geistlichen Vorbild sein wollte in dieser Hinsicht. Was er tat, erachtete er als zur Pflicht des geistlichen Amtes gehörig. Sehen wir uns daher seine Stellung zum Genfer Rate genau an, so haben wir, was er vom Geistlichen als „Seelsorger" der Obrigkeit verlangte:

Der Geistliche hat der Obrigkeit gegenüber einfach alle Interessen Gottes zu wahren. Er ist der diplomatische Vertreter des Reiches Gottes auf Erden. In jede Ratssitzung, in jede Spezialkommission hat er sich Eingang zu verschaffen, um Gottes Sache den gebührenden Platz zu sichern. Er leistet dadurch dem Staate einen grossen Dienst, er unterstützt ihn in seinen pflichtmässigen Bestrebungen, Gott wohlgefällig zu sein, er sichert damit der Stadt das Anrecht auf die göttliche Gnade. Wer Gott durch seine Handlungsweise beleidigt, wird dem Staate angezeigt, seine Bestrafung durchgesetzt, bis Gottes Ehre Genüge geleistet ist.

Denselben Zweck verfolgen die drei geistlichen Nebenämter, aber auch sie unterstehen den Anordnungen der Hirten, die das Privileg der göttlichen Willensoffenbarung haben. Der Calvinische Pfarrer hat in der Kirche weitaus das hervorragendste Amt inne. Sein Verhältnis zum Staat erklärt das ganze Verhältnis von Staat und Kirche. Vertraut mit den göttlichen Weltplänen soll er, neben oder ausser dem Staate stehend, dem Staatsleben die richtige Direktion geben.

Es ist in der Literatur nicht betont worden, dass in die Arbeit, die z. B. Zwingli dem Pfarramt allein zuwies, sich bei Calvin vier Aemter teilten. Es ist mit Befremden darauf hingewiesen worden, dass Calvin sich weigerte, von Pfarrern die Pestkranken besuchen zu lassen, man hat vergessen, dass dazu das Amt der Diakonen bestimmt war.[37] Der Prediger ist lediglich das Sprachrohr Gottes auf Erden. Er ist absolut nicht identisch mit dem Hirten Zwinglis, er ist vielmehr der eigentliche Prophet des alten Testamentes, der „vicarius Dei",[38] der auch wegen seiner Aeusserungen nicht verklagt oder zur Rede gestellt werden kann.[39]

Auch Zwingli hat sich in intensiver Weise mit dem Amte des Geistlichen befasst. Zusammenhängend vor allem in den Schriften „Von dem Predigtamt"[40] und „der Hirt",[41] mit einzelnen kurzen Erörterungen in der „Uslegung und Gründ der Schlussreden".[42]

Nach der Schriftstelle Epheser IV. 11 kennt Zwingli verschiedene geistliche Aemter. Zunächst die Apostel, die Gesandten Gottes, die den Menschen das Evangelium lehren und zur Selbst- und Gotteserkenntnis führen sollen.

Mit der Anleitung zur Selbsterkenntnis, die den Menschen doch eigentlich zur Verzweiflung über seine Sündhaftigkeit führen muss, hängt die Tröstung und Verkündigung des Heils zusammen. Die Apostel sollen aber auch Laster verhüten und wenn es dazu zu spät ist, ausreuten und dafür anbauen, was Gott wohlgefällt.

Als Propheten bezeichnet Zwingli diejenigen, die Calvin „Docteurs" nennt. Sie sind die Schriftgelehrten. Den Namen

---

[37] Cf. Kampschulte I. 484 ff.
[38] Institutio IV. 3, 1.
[39] Kampschulte I. 402.
[40] Sch. & Sch. II¹ 301 ff.
[41] Sch. & Sch. I. 631 ff.
[42] Sch. & Sch. I. 346 ff.

Propheten (Prophezey u. s. w.) entlehnt Zwingli aus der Stelle I. Corinther, XIV., 1, 3, 4.

Das Amt des Evangelisten ist sodann gewissermassen eine Fortsetzung des Apostelamtes. Nachdem die Apostel als Pioniere das Ausreuten des Bösen und das Anpflanzen des Guten besorgt haben, liegt es den Evangelisten ob, die neue Pflanzung weiter zu pflegen.

Das Amt der Hirten und Lehrer endlich besteht in der Aufsicht über die Gemeinde und in der öffentlichen Verkündigung der Schriftwahrheit.

Zwingli will diese Unterscheidungen nur noch theoretisch aufgestellt wissen, in der Praxis gehen die verschiedenen Funktionen vielfach ineinander über. Die Notwendigkeit der Arbeitsteilung, wie sie in den Anfängen des Christentums bestand, liegt zu seiner Zeit nicht mehr vor. Die Ausdrücke: Apostel, Lehrer, Bischof, Pfarrer, Hirt' wechseln deshalb in Zwinglis Erörterungen ohne jede Spezialbedeutung ab, einfach um das Amt der Geistlichen zu bezeichnen.

Als eines der Haupterfordernisse dazu betrachtet Zwingli die Gelehrsamkeit, als Beispiel dafür führt er Paulus und Timotheus an, die beides gelehrte Männer gewesen seien. Damit widerlegt Zwingli die Behauptung der Wiedertäufer, Gott habe, nach Matth. XI., 25, vor den Weisen und Fürsichtigen seine heimlichen Dinge verborgen und den Einfältigen geoffenbart. Einfältig und schlicht, führt Zwingli aus, sei noch lange nicht töricht.

Ein besonderes Augenmerk sollen die Geistlichen auf die Sprachen richten, besonders auf Griechisch und Hebräisch, können sie beides so gut wie Deutsch, so wird ihnen die heilige Schrift nicht mehr dunkel bleiben. Dass man die erstere Sprache nicht allein an der Bibel, sondern auch an den Klassikern üben solle, sagt er in seiner Praefatio Huldrichi Geminii ect. von 1526.[43]) Die Kirchengüter will Zwingli zu einem Teil dazu verwendet wissen, junge Leute zu Geistlichen heranzubilden. Das Geld ist dazu seiner ursprünglichen Bestimmung nicht entzogen, denn zu eben diesem Zwecke hat man ja die Klöster damit ausgestattet.

---

[43]) Sch. & Sch. IV. 159 ff.

Anstatt die reichen Geldmittel zu fleissigen Studien zu verwenden, lebt aber die katholische Geistlichkeit in Müssiggang und Wollust.

Mit der Gelehrsamkeit ist allerdings nicht alles getan. Unentbehrlich sind daneben Weisheit und Frömmigkeit.

Wer alle diese Voraussetzungen in sich vereinigt, ist damit aber noch nicht Geistlicher. Es muss erst die Berufung vorangehen. Entweder geht diese von den Mitgeistlichen oder aber von der ganzen Gemeinde aus. Die Wahl durch einen Apostel, die in der ersten Christenheit üblich war, ist durch die Bischöfe missbraucht worden, die ihre Stallknechte, Köche und Kuppler zu Pfarrern machten. Am besten will Zwingli gefallen, wenn die Gemeinde, von weisen Männern beraten, ihren Pfarrer wählt.[44])

Aus dem soeben Gesagten erhellt, dass niemand eigenmächtig auftretende Lehrer zu dulden braucht. So wenig, wie in einer Stadt jeder Bürgermeister sein kann, so wenig kann jeder Geistlicher sein. Das scheint nun allerdings mit der Lehre vom allgemeinen Priestertum nicht übereinstimmen zu wollen, aber Zwingli betont, dass Geistlicher und Priester im Sinne des neuen Testamentes 1. Petrus II., 9) etwas ganz verschiedenes seien. Jedermann kann nach Zwingli Priester sein, sein 61. Artikel lautet: „von dem charakter, dass die Priester in den letzten zyten sind innen worden, weisst die göttlich geschrift nüt."[45]) Schon aus der Zeit des Hieronymus weist er dagegen Fälle nach, wo untüchtige Geistliche einfach entlassen wurden und damit aufhörten, Priester zu sein, er leugnet damit, wie Luther, den charakter indelebilis derselben. Anspruch auf Besoldung haben jedenfalls nur diejenigen, welche in einem Amte stehen.[46]) Diesen soll man ihren Lohn nicht vorenthalten, sondern ihn entweder als Opfer von der Gemeinde einziehen oder einen Teil der Gemeindegüter dazu verwenden.[47]) Geordnete Lohnverhältnisse,[48])

---

[44]) Cf. Luthers Rat an die Altenburger: Erl. 53, 131 ff.
[45]) Sch. & Sch. I. 414.
[46]) Sch. & Sch. I. 416.
[47]) Ausserdem cf. Egli Akten 490.
[48]) Über dieselbe Frage cf. Luther in der Erl. Ausg. Bd. 14 S. 346.

sagt er, werden manchen ermutigen, das geistliche Amt zu ergreifen. Es gibt nichts erbärmlicheres, als das stete Bangen und Sorgenmüssen um sein Gehalt. Denn nicht allein benehmen die täglichen Sorgen um den Unterhalt dem Geistlichen alle Arbeitsfreudigkeit, sondern sie verderben ihn auch moralisch, indem sie ihn zum ewigen „Jammern und Gutzeln" zwingen.[49])

Wenn sich auch Zwingli in ganz unzweideutiger Weise dahin äussert, dass nur der Arbeiter seines Lohnes wert ist, so mahnt er doch davon ab, den alten Pfründengeniessern ihre Benefizien mit einem Male wegzunehmen. Die Ratsakten von Zürich beweisen uns, dass seinem Rate gefolgt, und überall glimpflich mit den alten Chorherren verfahren wurde. Bis an ihr Ende sorgte die Obrigkeit aufs Beste für ihr geistiges und leibliches Wohl.[50])

Zwingli hält den Geistlichen für den wichtigsten Funktionär im Staate. Er verkündet das göttliche Gebot der Liebe und streitet damit gegen die Macht des Bösen. Sogar heidnische Völker kennen das Mittel, durch Redner das Volk zu ermahnen und zu belehren. Ohne solche kann kein Gemeinwesen existieren, fortgesetzt bedarf es der geistlichen Leitung. Selbst wo keine Obrigkeit von Nöten wäre, kann der Geistliche nicht entbehrt werden.

Dieses eminent wichtige Amt kennt keine Rangunterschiede. Zwingli kann sich keinen Geistlichen denken, der neben seinem Lehramt noch ein Herrscheramt über seine Mitgeistlichen bekleiden würde.[51]) Er weist auf die Geschichte der Jünger Christi hin, welche von ihrem Meister vergeblich wissen wollten, welcher der Grösste unter ihnen sei.

Noch weniger als nach Oberherrschaft über ihre Amtsbrüder sollen die Geistlichen nach weltlicher Macht streben. Die Stellung des Pfarrers ist ja recht eigentlich eine dienende. Um Zwietracht zu vermeiden — man erkennt die praktischen Erwägungen, von denen sich Zwingli leiten liess, ohne, wie

---

[49]) Sch. & Sch. II.¹ 315 ff.
[50]) Cf. Sch. & Sch. II.¹ 315 Anm. 2.
[51]) Sch. & Sch. I. 346.

Luther, ängstlich zu sein —, sollen sich die Geistlichen auch keine eigene Obrigkeit bestellen wollen, sondern unter der weltlichen leben.

Alle diese Anforderungen machen das Hirtenamt zu keinem verlockenden. Es ist schwer, den Menschen ihren hohen Beruf und daneben ihre tatsächliche Nichtswürdigkeit zeigen, und alle persönlichen Interessen gegenüber Gottes Befehl in den Hintergrund stellen zu müssen. Der Geistliche bedarf daher grosser Selbstverleugnung. Das Kreuz, das er zu tragen hat, wird immer grösser, und wer vermeint, im geistlichen Stand einmal zu Beschaulichkeit und Ruhe zu kommen, der täuscht sich. Allein das Wort Gottes weist und erleichtert ihm den Weg zur richtigen Ausübung seines Amtes. Gott hat der Geistliche sich dankbar zu erweisen, indem er der Gemeinde ein Vorbild im Nachleben seiner Lehren ist.

Auch auf die Art und Weise des Lehrens geht Zwingli ein. Liebe zu den Gemeindegliedern, wie zu den eigenen Kindern, soll sich mit Klugheit paaren, daneben stehen Milde, Bescheidenheit, Ordnung, Deutlichkeit und Gewandtheit im Vortrag und insbesondere Unerschrockenheit. Der Geistliche soll kein Blatt vor den Mund nehmen, wenn es gilt, Fehler aufzudecken. Oft schweigt die Obrigkeit, das soll ihn nicht daran hindern, alles Böse an den Tag zu bringen und zwar insbesondere die heimlichen Sünden, deren Ahndung ihm allein zusteht. Auch soll er sich keineswegs davor scheuen, den Königen und Obrigkeiten ins Gewissen zu reden. Nicht nur, wenn sie direkt Gottes Wort „wider befzen", sondern auch, wenn sie das Volk hart bedrücken. Römer 13 ff., spricht von der Obrigkeit, aber nicht von den Tyrannen, denen Gottesfurcht und Nächstenliebe abgehen. Unter Hinweis auf die Propheten redet Zwingli den Geistlichen die Furcht vor den Gewaltigen dieser Welt aus. Sie sollen sich ihrer Rolle als göttliche Schutzwehr gegen obrigkeitliche Willkür bewusst sein. Hierbei kommt Zwingli auf den Märtyrertod zu sprechen: „es ist ein Geringes, ja eine Kleinigkeit, Leib und Leben zu verlieren in dieser Welt, das ja doch morgen oder übermorgen von selbst stirbt und verschwindet... Aber den hat man zu fürchten, der auch die Seele in der Hölle immerdar peinigen kann."[52] In seiner Schrift „vom Hirten" bringt Zwingli noch zum Schluss das Zerrbild eines solchen. Den Stoff dazu lieferte ihm in reichem Masse der römische Klerus. Den falschen Hirten erkennt man an seinen scheinheiligen, öffentlichen Ceremonien, sowie an seinem schändlichen Lebenswandel. Den rechten dagegen an den Früchten, die seine Arbeit zeitigt, besonders eben daran, dass er auf Gerechtigkeit und Frieden hinarbeitet im Staate.

Der Geistliche, wie ihn uns Zwingli schildert, steht ganz im Volke drin. Von ihm ist er in der Regel gewählt, um die göttlichen Zwecke im Volke mit zur Erfüllung bringen zu helfen. Eine bestimmte Grenze für seine Tätigkeit ist ihm eigentlich nicht gesteckt, sein Wirken ist vielmehr negativ umschrieben. Da, wo er weder Obrigkeit, noch andere Organe Gutes wirken sieht, hat er einzusetzen. Zwingli hat gewissermassen seine vielseitige Stellung in Zürich auf die Geistlichen übertragen. Deshalb verlangt er von ihnen auch eine so allgemeine Bildung. Der Geistliche ist für Zwingli einfach ein Mitausführer — und zwar der wichtigste — des göttlichen Weltplanes, ebenso wie der Richter, der Bürgermeister u. a. Vermöge seines ganz besonderen, auf die göttlichen Gebote gerichteten Studiums fällt ihm noch ganz speziell die Aufgabe des „Angelus Dei" zu. Weil auch Bürgermeister, Richter etc. nach den göttlichen Vorschriften arbeiten, hat der Pfarrer sie über dieselben zu unterrichten. Das macht seine Stellung zur hervorragenden unter den Menschen. Sie ist aber keine Ausnahmestellung vor Gott (Calvin!). Liesse der Geistliche sich als Untertan Verfehlungen zu Schulden kommen, so hätte er, wie jeder andere, die Strafen der Obrigkeit zu gewärtigen. Zur Durchführung der göttlichen Weltpläne auf Erden ist durchaus ein Zusammenarbeiten aller Funktionäre notwendig. Der Geistliche ist den andern durchaus koordiniert, deshalb finden wir auch in jeder Angelegenheit die gemischten Behörden zu allgemeiner Zufriedenheit tätig.

---

[53] N. V. II. 306.

Die Schule.

Für die Schule, die Heranbildung von jungen Leuten zu Geistlichen insbesonders, hatte Calvin eine eigene Gruppe von Funktionären der Kirche vorgesehen, die Docteurs. In der Institutio Christiana sind die „Doctores" mit den „Pastores" als mit dem „numus ordinarium in ecclesia" betraut zusammengestellt. Der Unterschied zwischen beiden Aemtern ist folgendermassen präzisiert: „ . . . Inter quos hoc discriminis esse puto, quod doctores nec disciplinae nec sacramentorum administrationi nec monitionibus aut exhortationibus praesunt, sed scripturae tantum interpretationi: ut sincera sanaque doctrina inter fideles retineatur."[1]) Seine Gedanken über die Arbeit dieser Docteurs hat Calvin vornehmlich in den Ordonnances ecclésiastiques von 1541 niedergelegt. Sie haben zunächst dafür zu sorgen, dass dem Volke das reine Evangelium verkündet werde, und nicht durch Unwissenheit oder Mangel an gutem Willen entstellt zu den Gläubigen gelange.

Ihr Unterricht, an dem in erster Linie die Theologen teilzunehmen hatten („la lecture en Theologie"), erstreckte sich auf das neue und das alte Testament, allein weil dabei auch Hilfswissenschaften und vor allen Dingen eine gute allgemeine Vorbildung in Betracht zu ziehen waren, fand Calvin für gut, ihnen die Schulen überhaupt zu unterstellen. So kamen diese unter die Kontrolle und Verwaltung von Trägern eines geistlichen, kirchlichen Amtes. Auch in der Schule war der Hauptzweck die Förderung der Sache Gottes, auch sie war somit der kirchlichen Disziplin zu unterwerfen. Ihr Zweck bestand darin, für den Kirchen- und Staatsdienst tüchtige Kräfte heran-

---

[1]) Institutio IV. 3, 4.

zubilden. Beide vom Standpunkt der Kirche aus zu erziehen, entsprach ja durchaus Calvins Ansichten. Diese kirchliche Schule sollte nach und nach alle bisherigen Genfer Knabenschulen verdrängen, die Wahl ihrer Lehrer sollte wenigstens den „Ministres", den Geistlichen zustehen.

Wenn wir bei der Besprechung von Calvins Persönlichkeit darauf hingewiesen haben, mit welcher Energie und Rücksichtslosigkeit er seine einmal gefassten Pläne zur Durchführung brachte, so dürfen wir die Schule allerdings nicht als Beweis dafür vorführen. Diese Institution blieb am längsten hinter dem zurück, was Calvin aus ihr zu machen gedacht hatte. An Viret berichtet er darüber[2]): Die Doktoren waren in Genf lange die schwächsten Vertreter der ganzen kirchlichen Organisation. Nichtsdestoweniger oder vielleicht gerade deshalb wurden sie von Calvin als die dem Pfarramt am nächsten Stehenden bezeichnet, er selbst verschmähte es nicht, ihre Funktionen mit zu übernehmen. Seine Vorlesungen waren lange Zeit die einzige Gelegenheit, sich theologisch zu bilden. Auch der Unterricht der Jugend hatte in Genf im Argen gelegen und zwar solange, bis die Waadtländer Regierung den Genfern den Gefallen tat, ihre besten Geistlichen auszuweisen und bis die Genfer sich entschlossen, durch freiwillige Beiträge den Bau eines geeigneten Schulhauses zu ermöglichen.

Die Schule litt unter den zu grossen Anforderungen, die Calvin an sie stellte. Er hatte sie sich als dasjenige Institut gedacht, das vor allen anderen der Reformation förderlich sein sollte, auf die heranwachsende Jugend setzte er die grössten Hoffnungen.[3]) Was die Predigt den Erwachsenen, das war der Schulunterricht den Kindern: eine Anleitung zum Gott wohlgefälligen Leben. Was die Predigt bei dem gegenwärtigen Geschlechte vielleicht nicht mehr vermochte, das erreichte die Schule umso sicherer bei dem zukünftigen. Deshalb mussten beide Institute Hand in Hand arbeiten, deshalb waren beide, Wortverkündigung und Schule, in gleicher Weise Glieder der Kirche.

[2]) Calv. op. XII. S. 188.
[3]) Cf. Kampschulte I. S. 468 Anm.

Aus diesem Grunde sah sich Calvin veranlasst, den gleichen Masstab für die Auswahl seiner Hilfskräfte bei beiden Instituten anzulegen. Leute der humanistischen Richtung duldete er bei den Docteurs nicht, Frömmigkeit und nicht Gelehrsamkeit war das Haupterfordernis.[4]) Dabei vermochte Calvin allerdings nicht zu verhindern, dass die Genfer Schule in wissenschaftlicher Beziehung bald hinter auswärtigen Bildungsstätten zurückblieb. Diesen „vermeintlichen" Nachteilen glaubte er durch starke Betonung des religiösen Momentes begegnen zu können. Als ihm später ein günstiger Zufall vorzügliche Lehrkräfte und die Willfährigkeit der Genfer die nötigen Geldmittel lieferten, sehen wir ihn das neue Institut erst recht in den Dienst und unter die Obhut Gottes stellen. Die Schüler nennt er Soldaten Gottes, vor ihrem Eintritt haben sie das Glaubensbekenntnis abzulegen und sollen Gott stets für die Gründung der Genfer Schule dankbar sein. Mit ihren Lehrern haben sie regelmässig den Gottesdienst zu besuchen.

Nachdem die Obrigkeit einmal die Ordonnances ecclésiastiques sanktioniert hatte, sollte sie sich um die Schule wenig mehr kümmern. So hatte sie bloss die Lehrer zu bestätigen und zu besolden. Daneben waren für sie einige Ehrenrechte vorgesehen, z. B. das Verteilen der Preise bei den Promotionen, Anwesenheit bei Schulfestlichkeiten u. s. w. Die Glaubensformel, die die Schüler zu beschwören hatten, enthielt auch das Gebot des Gehorsams gegen die Obrigkeit, sofern sich dieser nämlich mit Gottes Geboten vereinbaren liess.[5])

Auch Luther hat dem Schulwesen grosse Aufmerksamkeit zugewandt.[6]) In seinen Werken zerstreut, aber insbesondere in seiner Schrift: „An die Ratsherrn aller Städte Deutschlands über die Aufrichtung christlicher Schulen" von 1524, ferner in seiner Predigt, „dass man die Kinder zur Schule halten soll" von 1530 und endlich in den Tischreden finden sich zahlreiche Aeusserungen darüber. Vor allen Dingen betont Luther die Notwendigkeit des Jugendunterrichts, denn, wie Calvin, so hält

---

[4]) Kampschulte II. 324.
[5]) Kampschulte II. 332.
[6]) Cf. Bolliger, auch Kolde II. 134 ff.

auch er die Jugend für den am besten zu beeinflussenden und deshalb der Reformation vorteilhaftesten Teil der Bevölkerung.

Ganz allgemein soll sie zur Heranbildung eines tüchtigen Volkes dienen,[7] dessen Frauen z. B. im Stande sein sollen, die Kinder richtig zu erziehen und der Haushaltung ordentlich vorzustehen,[8] dann aber dazu, der Nation einen tüchtigen Stamm von Gelehrten, Theologen, Aerzten und Magistratspersonen zu sichern.[9] Gute Schulen erscheinen Luther als eine Garantie für die Zukunft, sie helfen auch den Fürsten aus der Verlegenheit, die nicht wissen, wozu sie die säkularisierten Güter verwenden sollen.[10] Neben materiellen Einbussen, die man bei dem Mangel an Schulen erleidet, hebt Luther noch den Mangel an geistlicher Förderung hervor. Die Schule ist eben die Hilfsarbeiterin der Kirche, indem sie Gott Werkzeuge schafft, deshalb soll auch die heilige Schrift der Hauptlehrstoff sein. Durch Unwissenheit wird der Mensch leichter die Beute des Teufels, als wenn er eine gute, christliche Bildung genossen hat.

Wir wissen, dass Luther durch seine Reformation nicht allein die Kirche, sondern das ganze damalige Leben überhaupt bessern und ändern wollte.[11] Ganz besonders lag ihm dabei an der Besserung der Einzelindividuen, die ja die Grundlage des ganzen sozialen Lebens bildeten. Durch Uebelstände auf allen Gebieten veranlasst, hatte Luther zunächst durchaus eine zeitliche Remedur im Auge, was die Seelsorge für die Kirche tat, das tat die Schule für die Allgemeinheit, den Staat, sie schufen beiden Instituten sichere, zuverlässige Grundbestandteile. Ganz selbstverständlich schien deshalb die Obrigkeit als die gegebene Schützerin und Födererin der Schule. Sie sollte an die Hand nehmen, was die Eltern aus irgendwelchen Gründen häufig versäumten.[12] Den Fürsten bezeichnet Luther deshalb als obersten

---

[7] Nach Luthers Tod nehmen wir allerdings wiederum eine Tendenz wahr, die die Schule in erster Linie als Bildungsstätte für junge Theologen auffasst.

[8] Erl. Ausg. 22, 190.

[9] Erl. Ausg. 20, 39.

[10] Erl. Ausg. 20 ff., 25, 386 ff.

[11] Cf. Melanchton in Richter K. O. II. S. 92 f.

[12] Kolde II. 137.

Vormund der Jugend. Um der Zukunft seines Landes willen darf er sich dieser Pflicht nicht entziehen, als Erbe der Klöster hat er dabei besonders leichtes Spiel. Seine Kompetenzen gehen sehr weit. Er kann den Untertanen zwingen, seine Kinder zur Schule zu schicken, so gut wie er seine Landeskinder zur Waffenübung und zur Verteidigung gegen den Feind heranziehen kann, der ja doch nur das äussere Leben und Gut des Staates gefährdet.[13] Mit demselben Recht kann er sie zwingen, gegen den Teufel vorzugehen, der es auf die innere Tüchtigkeit des Staates abgesehen hat. Natürlich versäumt Luther nicht, auf die Schule als Vorbereitungsanstalt für das Theologiestudium hinzuweisen; besonders die Sprachen sind es, denen er dabei grosse Wichtigkeit beimisst.[14]

Mit der Säkularisation der Stifter in Zürich hatte der Staat auch die Schule zu übernehmen.[15] Von Zwingli beraten, richtete er zunächst sein Augenmerk auf die Ergänzung der protestantischen Geistlichen. Seiner eigenen Laufbahn sich wohl erinnernd, glaubte Zwingli seine Amtsbrüder aus den Mönchen und Stiftsherrn ausheben zu müssen. Aus ihnen hoffte er brauchbare Geistliche zu machen. Allein wir wundern uns nicht, wenn die Resultate dieser Versuche recht klägliche waren, die geistlichen Herrn waren zu alt, zu verwöhnt und teilweise auch zu ungebildet, um mit Erfolg für die neue Lehre einzutreten, es blieb also nichts anderes übrig, als sie in Ruhe zu lassen und ihren Tod und den damit verbundenen Heimfall ihres Pfrundgutes an den Staat abzuwarten.

Den theologischen Unterricht dieser Leute hatte Zwingli sich folgendermassen gedacht: Durch die sogen. Lezgen (lectiones) oder Prophezeyen führte man die Schüler in die Bibelexegese und die alten Sprachen ein. Die Frucht dieser Stunden wurde sodann jeweilen dem Publikum — wohl zur Uebung für die Studenten — vorgetragen. Die Zeit dazu wurde durch den Wegfall der Messe und der kanonischen Horen gewonnen. Besonders erwähnenswert sind noch Uebungen in der deutschen

---

[13] Erl. Ausg. 20, 24.
[14] Bolliger S. 130, 136 f.
[15] Cf. U. Ernst.

Sprache, die Zwingli abhalten liess, ein Beweis dafür, dass es ihm auf die Heranbildung von praktischen Geistlichen und nicht von Gelehrten ankam.

Als er genötigt war, von der Verwendung von ehemaligen römischen Klerikern abzusehen, machte Zwingli überaus schlechte Erfahrungen mit der Vorbildung seiner Laienstudenten. Diese war überaus ungleich und hemmte das erspriessliche Fortschreiten des Unterrichts. Zwingli sah sich deshalb veranlasst, auch den unteren Schulstufen, den Lateinschulen, seine Aufmerksamkeit zuzuwenden. In einem Vorschlage an den Rat über die Verwendung von Pfründen nimmt er diese Schulen als Vorstufen für die Lezgen in Aussicht.[16]) Ihre Neuorganisation ist uns zum Teil von Zwinglis eigener Hand erhalten.[17]) Als Beamte sehen wir hier den Lehrer, Ludimagister und den Provisor (meist ein älterer Student) auftreten. Gelehrt wurden alte Sprachen und Lesen und Schreiben für solche, die es noch nicht konnten. Auf andere Fächer legte Zwingli im Gegensatz zu Luther wenig Wert. Von einer Volksschule, wie der sogen. deutschen Schule, vernehmen wir zu Zwinglis Zeiten nichts. Sie war offenbar mehr für das niedere Volk bestimmt und deshalb für Zwingli von geringem Interesse.

Wie ja Zwingli der Kirche lediglich ihre geistliche Fähigkeit belassen und alles, was nicht Seelsorge anging, dem Staate übertragen hatte, so zögerte er keinen Augenblick, das Schulwesen als Aufgabe des Staates zu proklamieren. Ihm hatte er zunächst mit Geldmitteln, mit geeigneten Lokalitäten, mit Bibliotheken, mit tüchtigen Lehrkräften beizuspringen. Die durch die Säkularisation dem Staate zugefallenen Güter an Geld und Liegenschaften setzten ihn dazu in Stand. Sodann zog die Reformation manchen trefflichen Gelehrten nach Zürich, der manchmal nur zu gerne sich eine der kärglich besoldeten Lehrerstellen übertragen liess. Beachtenswert ist es, dass Zwingli von vorneherein einigen Missbräuchen unter den Studenten entgegentrat. Die neuen Schulen sollten nicht bloss eine Lehr-, sondern auch eine Erziehungsanstalt sein. Der Strassenbettel z. B. wurde

---

[16]) Egli Akten Nr. 426 sub 5.
[17]) Egli Akten Nr. 757.

den Studenten verboten, dagegen waren sie durch Stipendien, sowie durch staatliche Verabreichung von Nahrung und Kleidung in die Lage versetzt, auf solche sonst allgemein üblichen Erwerbsquellen zu verzichten. Der Unterricht war absolut kostenlos.

Der Rat übertrug die Leitung der Schulen einer besonderen Kommission, den Attendenten oder Kuratoren. Sie bestanden aus dem Bürgermeister, den zwei Seckelmeistern und dem Präsidenten der Kommission, dem Schulherrn. Diese Stellung bekleidete Zwingli selbst eine Zeit lang.[18]

Die Behandlung der Schule durch die Reformatoren ist in gewissem Sinne typisch für sie. Luther, dem die Hebung aller Missstände in Deutschland gleichmässig am Herzen lag, der in ihrer Beseitigung in jedem Falle eine indirekte Förderung der Sache Gottes sah und oft Mühe hatte, die Fürsten für seine Sache zu interessieren, überträgt die Schule dem Staate mit der besonderen Hervorhebung des Vorteils für ihn. Zwingli betrachtet die Schule mehr nur als Vorbereitung auf das Pfarramt. Der Staat als Erbe der Kirchengüter wird von ihm zur Finanzierung und Beaufsichtigung der Schule herangezogen. Bei Calvin endlich spielt der Staat auch in Schuldingen die gewohnte Rolle. Er darf zahlen, wird mit einzelnen Ehrenrechten abgespeist, hat aber im Uebrigen nicht das Mindeste dazu zu sagen.

---

[18]) Sch. & Sch. VII. 419.

Die Fürsorge für Arme und Kranke.

Die Armen- und Krankenpflege ist von Calvin der Kirche erhalten worden. Ohne Zweifel geschah das nicht nur im Hinblick auf die heilige Schrift, es war zugleich ein vorzügliches Mittel zur Gewinnung von Popularität für Calvin und seine Institutionen.

Die „Diacres" bildeten den letzten von den vier Orden oder geistlichen Aemtern. Wie Paulus, unterscheidet Calvin zwei Unterabteilungen: „qui eleemosynas administrabant" und „qui pauperibus et aegrotis curandis sese dedicaverant". Hier liegt dasjenige Amt vor, das Calvin auch für Frauen in Aussicht genommen hat. Hier war es, wo auch sie sich in der Kirche betätigen konnten.

Die Ordonnanzen haben auf diesem Gebiete nur an bereits bestehende Einrichtungen anzuknüpfen gehabt.[1] Immerhin verfehlten sie nicht, dem Institute den streng calvinischen Charakter aufzuprägen. In Genf, wie übrigens auch in Zürich wurden Unterstützungen aus der Armenkasse von religiösen Leistungen abhängig gemacht.[2] Genau ist in den Ordonnanzen das Arbeitsgebiet der einzelnen Beamten umschrieben. Die Armenpfleger haben das Armengut zu verwalten, und dafür zu sorgen, dass milde Gaben in rechte Hände kommen. Ihnen steht auch die Aufsicht über das Spital, das Waisenhaus und die Herberge für Durchreisende zu, sowie die Beaufsichtigung der Stadtarmen; die letzten beiden Funktionen lehnen eng an die Obliegenheiten der Polizei an. Der Armenarzt gehört auch zu den Diacres, ihm liegt die ärztliche Behandlung der Spitalkranken

---

[1] Richter K. O. I. S. 346.
[2] Cf. Egli Akten 132 sub 5.

und Hausarmen ob. Seine Besoldung empfängt er von der Stadt. Für die im Waisenhause befindlichen Kinder ist ein besonderer Lehrer angestellt, der sie in guten Sitten, Lesen und Schreiben und in Religion unterrichten soll.

Die Diacres unterlagen einer jährlichen Wiederwahl. Ihre Funktionen wurden von einer gemischten Behörde beaufsichtigt. Diese hatte sich bei schweren Missbräuchen an die Seigneurie mit der Bitte um Abhilfe zu wenden.

Wie wir schon bei der Schule gesehen haben, ist der Staat auch bei der Armen- und Krankenpflege eigentlich lediglich Geldlieferant. Die paar Rechte, die er sich gewahrt hat, haben ganz den Anschein von „Douceurs" von Seiten Calvins und machen eigentlich viel eher den Eindruck von Pflichten. Insbesondere war es hier die Seigneurie, die auf Calvins Wink seinem Willen zur Verwirklichung verhelfen sollte.

Luther beschränkt sich in unserer Frage auf einige Andeutungen. Almosengeben ist Christenpflicht und, obschon weniger augenfällig als das katholischen Kirchenstiften, doch ein Gott wohlgefälliges Werk.[3]) Den Staat betrachtet Luther, wie wir oben gesehen haben, als eine Summe von Menschen. Wie den Einzelnen, so fällt deshalb auch ihm zu, wohltätig zu sein und für die Bedürftigen zu sorgen.[4]) Seine Sache ist es vor allen Dingen, die notwendigen Mittel zu beschaffen, ihre richtige Verwendung dagegen scheint Luther der Kirche zu übertragen, wenigstens kennt er ein kirchliches Amt der Almosenpfleger.[5])

Ausnahmsweise hat Luther auf diesem Gebiete seine Theorien und Anschauungen in Praxis umsetzen können, war er doch an der Herausgabe der „Kastenordnung" von Leisnig beteiligt.[6]) Diese Ordnung regelt die Verwendung des Kirchengutes für die Leisniger Gemeinde. Zehn Vorsteher sind mit einer Verwaltung betraut. Neben der Besoldung der Geistlichen und Kirchenbeamten ist darin eine Unterstützung der Kranken, Armen

---

[3]) Erl. Ausg. 20, 77; 27, 7.
[4]) Erl. Ausg. 20, 101, 123.
[5]) Erl. Ausg. 6, 95—99.
[6]) Cf. Richter K. O. I. 10 ff.

und Waisen vorgesehen, ebenso sind Massnahmen zur Milderung einer allfälligen Teuerung getroffen. Die Stadt Leisnig beschliesst in dieser Ordnung zunächst das separate Verwalten des alten Kirchengutes und wendet es nur für kirchliche Zwecke an. Wir dürfen in diesem Vorgehen also wohl dasjenige erblicken, was Luther für das beste hielt: Der Staat übernimmt die Armen- und Krankenfürsorge als Erbe des Kirchenvermögens.

Ebenso dachte Zwingli. Auch er übergibt dem Staate die Sorge[7]) um seine Armen und Kranken, die Armenbehörde war aus Geistlichen und Laien zusammengesetzt.[8]) Alles Geld, das durch die immer allgemeiner werdende Annahme der Reformation und durch die damit verbundenen Verkäufe von Devotionalien flüssig wurde, wendete man den Armenkassen zu.[9]) Mit rühmenswertem Eifer wurden Gold- und Silbersachen, kostbare Messgewänder u. s. w. verkauft. Der Rat verbot 1524 die üblich gewesene gemeinsame Wallfahrt der Zürcher Bürger nach Einsiedeln und erhob dafür von jedem eine Steuer von einem Batzen für die Armen.[10]) Er brachte Zwinglis Vorschläge viel Verständnis entgegen.[11]) Unzählige Stellen aus den Ratsakten jener Zeit zeigen uns, wie sehr der Obrigkeit das Wohl des Einzelnen,[12]) auch wenn er nicht einmal Bürger, sondern nur Durchreisender war, am Herzen lag. Zürich wollte sich als würdiger Erbe des Kirchengutes präsentieren.[13]) Nicht als Dienerin der Kirche, wie in Genf, tat es alles, um die Not in seinen Mauern zu lindern, es tat es aus sozialem Pflichtgefühl. Das Armenwesen ist nicht das einzige Feld, auf dem der Staat

---

[7]) Wie Zürich dieselbe nach aussen vertrat. Cf. Egli Akten Nr. 1059.
[8]) Egli Nr. 426.
[9]) Cf. Egli Akten 611, 614, 703, 1097.
[10]) Egli Akten Nr. 527.
[11]) Auch politische Gründe spielten dabei eine wesentliche Rolle, die Klostersuppengäste gehörten zu den eifrigsten Verfechtern der alten Lehre aus Furcht, die neue könnte ihr Privileg abschaffen. Ihnen galt es also die Bereitwilligkeit des Staates zeigen, unter den neuen Verhältnissen die Wohltaten der Kirche zu übernehmen.
[12]) Cf. Egli Akten Nr. 121, 414, 426.
[13]) Cf. Weltliche Überwachung der Kirchengüter, Egli Akten Nr. 1394, dagegen 1899.

aus diesem Grunde arbeitete, hieher gehörten auch die Wucherverbote,[14]) die der Rat auch auf Betreiben Zwinglis erliess.[15]) Im gleichen Sinne wie Zwingli die Obrigkeit ermahnt, den Steuerdruck zu mindern, wie er darauf dringt, dass die Geistlichen von den Einkünften ihrer Pfründe nur so viel nehmen, als sie brauchen, und den Ueberschuss nicht in ihre Tasche stecken, im solchen Sinne fordert er für die Armen eine ausreichende Fürsorge. Er macht die Regierung darauf aufmerksam, dass die Klöster nichts anderes sein sollten, als Spitäler für Arme und Kranke, er erteilt Ratschläge, wie man ohne Rechtsverletzung diesen früheren Idealzustand wieder herbeiführen könne. Er macht seiner Obrigkeit klar, dass die Fürsorge für ihre Untertanen zu ihren ersten Pflichten gehört; nur so wird Zürich, wird die Eidgenossenschaft zum Blühen kommen. Neben dem Erbe, das er durch die Reformation von der Kirche erhalten hat und das Zwingli mehr als Mittel zum Zweck betrachtet, betont er die Staatspflicht zur Unterstützung der Bedürftigen und zwar nicht, wie es Luther tut, weil der Staat eine Summe von Menschen ist, von denen jeder Einzelne Nächstenliebe üben soll, sondern weil es im Interesse des Staates liegt.

Wollen wir die Ansichten der drei Reformatoren über die Armen- und Krankenpflege in einige kurze Worte zusammenfassen, so können wir sagen: Calvins Staat bestreitet ihre Kosten, weil er muss; Luthers Staat, weil er's kann; Zwinglis Staat, weil er es für zweckmässig findet!

[14]) Egli Akten 710, 1593, 2005.
[15]) Sch. & Sch. II.² 353.

Das Kirchengut.

Zwingli, Luther und Calvin gehen dahin einig, dass die alten Kirchengüter nicht jedem beliebigen Zwecke zugeführt oder gar verschleudert werden sollen, nachdem sie durch die Reformation ihre ursprüngliche Bedeutung eingebüsst haben. Sie sollen der Sache Gottes, der sie gewidmet wurden, verbleiben. In dem, was zu diesem Zwecke zu unternehmen sei, gehen ihre Ansichten auseinander und sind durchaus typisch für die staatlichen Verhältnisse, unter denen die Reformatoren lebten.

Nicht jeder konnte, wie Zwingli, seiner Obrigkeit die gesamte finanzielle Regelung der Reformation und der darauffolgenden neuen Verhältnisse überlassen. Nicht jeder Staat verdiente dieses Zutrauen.

Der Zürcher Rat setzte sofort Kommissionen ein, die sich mit der Säkularisation der Kirchengüter beschäftigen sollten, andere waren da zur Verwaltung des gewonnenen Geldes.[1]) Bei der Verwendung des Kirchenvermögens, das als solches von dem Staatsfiskus getrennt blieb, sollte der Wille Christi massgebend sein.[2]) Pfarrbesoldungen, Armenunterstützungen, Krankenpflege, Stipendien sollten daraus bestritten werden. Weil das alles Zwecke waren, die auch zur Aufgabe der katholischen Kirche gehört hatten, von dieser aber vernachlässigt worden waren, so behielt die Obrigkeit das Recht auf die Zehnten, die früher der Kirche für dieselben Zwecke bezahlt worden waren. Die Staatskasse sollte durch die Reformation keine Mehrbelastung erfahren, die Kirche vergütete ihr aus dem durch den Staat verwalteten Kirchengut die Auslagen, die er z. B. in ihrem Interesse zur Bekämpfung der Wiedertäufer gemacht hatte.[3])

---

[1]) Egli Akten Nr. 1581.
[2]) Sch. & Sch. I. 343, VI. 1 234.
[3]) Egli Akten 1057.

Die Kirchengüter in Luthers Reformation hatten, solange er noch eine Gemeindeverfassung der Kirche im Auge behielt, der Gemeinde zuzufliessen. Diese musste einen sogen. „gemeinen Kasten" in der Verwaltung einiger Laien und des Pfarrers errichten und in diesem die Einkünfte der Kirchengüter und Pfründen, sowie Gaben von Gläubigen aufnehmen. Daraus sollten das Einkommen des Geistlichen, sowie die Auslagen für Kirchenbau, Armen- und Krankenpflege, sowie für die Schule bestritten werden. Allein Luther machte in Leisnig und Magdeburg schlechte Erfahrungen mit diesem System. Die Auflösung der Klöster und die dabei entstandene Unklarheit der rechtlichen Verhältnisse bewog viele Adelige, geistliche Besitztümer in ihre Gewalt zu bringen. Luther sah sich plötzlich genötigt, sich von dem Studium der Verwendung der Kirchengüter zu deren Sicherung zu wenden. An die Fürsten richtet er deshalb häufig die dringende Bitte, die Reformation doch nicht als Geldquelle für sich oder die Adeligen zu betrachten, sondern durch eine gut organisierte Säkularisation dafür zu sorgen, dass die Gelder der Kirche erhalten blieben.[4]) Die Bereitwilligkeit, mit der die Fürsten Luthers Begehren teilweise nachkamen, lässt vermuten, dass sie sich davon einen Vorteil versprachen.[5]) Dieser bestand zum mindesten darin, dass ihnen nun die Verwaltung des Kirchenvermögens und damit die Oberaufsicht über das Reich Gottes auf Erden zukam. Eine getrennte Verwaltung des Kirchengutes und des Staatsgutes, wie wir sie in Zürich finden, scheint Luther nicht gewollt zu haben. Der Staat bekam die Kirchengüter gewissermassen als Pauschalabfindungssumme, dafür hatte er dann alle kirchlichen, finanziellen Verpflichtungen zu übernehmen. Was für welche das waren, darüber hat Luther die Obrigkeit noch oft aufklären müssen. Besoldung der kirchlichen Beamten, Kirchenbauten, Schule, Armen- und Krankenpflege, Stipendien sollten nun von den Fürsten übernommen werden.[6]) Luther ist hier weitherziger als Zwingli, er gestattet sogar Verwendung der Kirchengelder

---

[4]) De Wette III. 186, Erl. Ausg. 55, 156.
[5]) Bezold S. 563.
[6]) Erl. Ausg. 65, 54 f.; 62, 88 f.

zu öffentlichen Bauten, wie Brücken u. s. w.; ähnlich Calvin! nur dass dieser damit den Staat immer abhängiger von der Kirche machen wollte. So findet Luther das Geld immer noch besser angewendet, als wenn es den Pfaffen verbliebe.

Dass Calvin am allerehesten das Kirchenvermögen in den Händen der Geistlichkeit, die, wie wir gesehen haben, das Ueberbleibsel der alten Hierarchie bildete, wissen wollte, liegt auf der Hand. Die Abhängigkeit vom Staate in dieser wichtigen Sache wäre seinen Absichten in keiner Weise förderlich gewesen. Er verlangte deshalb, dass man die Kirchengüter seinen Diakonen, den Verwaltern des Almosens, zur Besorgung übergebe, wie das in der heiligen Schrift König Josia gemacht hatte.[7]) Die Säkularisation betrachtete er als einen Raub an dem Eigentume Gottes. Das Kirchengut sollten die Diakone zur Besoldung der Geistlichen verwenden. Mehr als ein Kontrollrecht wollte Calvin dabei dem Staate nicht zugestehen. Allein er sah sich genötigt, ihm ganz andere Konzessionen zu machen.

Das von der katholischen Kirche geerbte Gut scheint nicht sehr weit gereicht zu haben, wenigstens nicht zu einer Aufbesserung des Gehalts der Geistlichen, die Calvin gewünscht hatte. Da erinnerte er sich sofort des Staates und seiner Pflicht, der Kirche beizustehen und Dienste zu leisten. Warum sollte diese Hilfe nicht auch in Geld bestehen können? Von diesem Standpunkte aus betrachtet, war die staatliche Verwaltung des Kirchenvermögens ganz nützlich. Er hatte zu zahlen, nur wollte sich Calvin nicht die Entscheidung über die Verwendung der Gelder aus den Händen winden lassen. Kaum war es geglückt, den Staat zum Zahlen zu veranlassen, so kamen denn auch Vorschläge Calvins über Erhöhung der Pfarrgehälter, Kirchenreparaturen und Emigrantenunterstützungen.

Gar manche Reiberei zwischen der Obrigkeit Genfs und Calvin ist auf die Geldfrage zurückzuführen. Wenn es ein Mittel zur gegenseitigen Chikane gab, so war es die Ausschlagung von Geldmitteln auf der Seite des Staates, das drohende Fordern von solchen und die dementsprechende Bearbeitung der öffent-

---

[7]) II. Könige 22. 4. 7.

lichen Meinung auf der andern. Nominell hat der Staat stets die Verwaltung des Kirchenvermögens in Händen gehabt. Tatsächlich lässt sich bei jeder Geldbewilligung seinerseits ebensowohl auf eine Niederlage gegenüber Calvin, als auf seine Zustimmung zu dessen Vorschlägen schliessen.

Die Sittenzucht.

Zu den Aufgaben von Staat und Kirche hatte es von jeher gehört, ein erträgliches Zusammenleben der Menschen zu ermöglichen. Naturgemäss fiel hier bei den beiden Gewalten eine verschiedene Aufgabe zu. Diese scharf auseinandergehalten zu haben, ist das Verdienst von Zwinglis Schrift „Von der göttlichen und menschlichen Gerechtigkeit".[1]) Der Standpunkt des Staates war sozusagen der menschliche, der Masstab, den er anlegte, basierte auf den irdischen Begriffen von Recht und Unrecht und den dabei gemachten Erfahrungen. Die Mittel zur Erreichung seines Zieles waren physische, die jedermann in gleicher Weise treffen mussten. Anders die Kirche: Sie diente, wie Zwingli sich ausdrückte, der göttlichen Gerechtigkeit, ihr Masstab richtete sich nach den im Jenseits verlangten Anforderungen. Sie hatte keine Möglichkeit, das Befolgen ihrer Gebote zu erzwingen; ihnen zu gehorchen, war Sache des Gewissens. Demgemäss konnten auch ihre Hülfsmittel nur so geartet sein, dass deren Wirkung solche und nur solche traf, die sich ihren Anordnungen fügen wollten.

Eines der Hauptmittel zur Erreichung ihres gemeinsamen Zieles musste für Staat und Kirche die sittliche Erziehung ihrer Glieder sein. So war denn auch die Sittenzucht für die Reformatoren eine überaus wichtige Angelegenheit.

Wie zu erwarten steht, richtete Calvin in seiner Kirche ein besonderes Amt dafür ein: die Anciens. Sie waren also eine kirchliche Behörde. Ihre Aufgabe war, „de prendre garde sur la vie d'un chascun d'admonester amyablement ceulx qu'ilz verront faillir ou mener (une) vie desordonnee."[2]) Das Amt der

---
[1]) Sch. & Sch. I. 425 ff.
[2]) Richter I. S. 345, 351.

Anciens hatte darnach einen ganz bedeutenden Wirkungskreis. Was die Polizei für den Staat, das waren die Anciens für die Kirche, arbeiteten sie denn auch mit der „Seigneurie", der staatlichen Polizei, Hand in Hand. Was der Gläubige nur Gott gegenüber schuldig zu sein geglaubt hatte, was bisher Privat- oder Gewissenssache gewesen war, bekam öffentlichen Charakter. Ueber das ganze Stadtgebiet wie Polizeiposten verteilt, hatten die Anciens ihr Auge auf alles das gerichtet, was Anlass zum göttlichen Zorne geben konnte. Kein Haus blieb ihnen verschlossen, selbst auf Säuglinge hatten sie ihre Beobachtungen auszudehnen.[3]) Regelmässiger Kirchenbesuch, kritiklose Annahme der neuen Lehre, genaues Befolgen der Kirchenordnungen hatten sie den Genfern beizubringen. Sie sollten sie von Sünden abmahnen, ihre Ehen beobachten, insbesondere aber allen Massregeln Nachachtung verschaffen, die im Interesse der Kirche nötig waren.

Die Aeltesten rekrutierten sich aus den Genfer Räten und zwar 2 aus dem kleinen, 4 aus dem Rat der Sechzig und 6 aus dem Rat der Zweihundert. Mit einem Eide sollten sie sich vor Gott und dem Staate verpflichten.[4]) Ihre Wahl erfolgte durch den kleinen Rat unter Zuziehung der Geistlichen, sie sollte auf Männer von gutem Ruf und grosser Weisheit und Gottesfurcht fallen. Alljährlich unterlagen die Anciens einer Wiederwahl, doch empfiehlt Calvin, nur in Ausnahmefällen andere, als die bisherigen, zu wählen.

Das Amt der Aeltesten brauchte zu seiner heiklen Arbeit eine Deckung. Diese schuf ihm Calvin in dem Konsistorium. Zu den zwölf Aeltesten traten nämlich sechs Geistliche hinzu und bildeten mit ihnen eine Art geistlichen Gerichtshof. Das Konsistorium war für das Verhältnis von Staat und Kirche in Genf von allerhöchster Bedeutung. Was die Anciens beobachteten, was die Geistlichen zu rügen hatten, was in Genf irgendwie passierte, das mit der Sittenzucht in Verbindung gebracht werden konnte, das wurde vor dem Consistoire verhandelt. Seine Hülfs- und Strafmittel waren Ermahnung, An-

---
[3]) Henry II. 212, Kampschulte II. 287.
[4]) Richter I. 345.

zeige an den Rat und zuletzt Ausschluss vom hl. Abendmahl. Gleichzeitig sollte das Konsistorium auch ein Mittelglied zwischen Staat und Kirche sein.

Mit seiner Einführung hatte Calvin eine bereits anderorts bestehende Einrichtung nach Genf verbracht.[5]) Die Obrigkeit scheint der Sache anfangs etwas skeptisch gegenüber gestanden zu haben. Der erste Versuch ihrer Einführung hatte ja 1538 Calvins und Farels Verbannung zur Folge gehabt. Jedenfalls sehen wir Calvin scheinbar eine Menge von Konzessionen machen: Er betont den gemischten Charakter der Behörde, die weltlichen Mitglieder seien ja stark in der Mehrzahl, der Vorsitzende sei ja kein Geistlicher; er macht die Inquisition der Anciens auch dem Staate dienstbar, indem diese der Seigneurie z. B. von allen unehelichen Geburten Anzeige machen mussten. Bei genauer Betrachtung lässt sich jedoch wahrnehmen, dass das Konsistorium nichts weniger als staatsfördernd war. Im Gegenteil: Wir sehen in ihm einen rein kirchlichen Gerichtshof, der sich gewissermassen neben den Staat schiebt und berechtigt zu sein glaubt, in derselben Weise wie der Staat vorzugehen. Die häufig betonte Teilnahme des Staates am Konsistorium erscheint sehr problematisch; 12 Anciens + 6 Pasteurs — so war es zusammengesetzt — sind eben einfach 18 Inhaber geistlicher Aemter. Der Wert der Konzession, dass diese 12 Anciens aus den Räten zu wählen seien, fällt dahin, wenn man sieht, was für Männer Calvin eben hineingewählt wissen wollte. Dazu gesellte sich übrigens bald Calvins Forderung, auch Nichtbürger in das Konsistorium aufzunehmen, ein neuer Beweis, wie wenig „staatlich" es gedacht war. Mit Interesse sehen wir, dass Calvin in einer Abänderung seiner Kirchenverfassung sich genötigt sah, zu betonen, die Anciens seien als Abgeordnete des Rates aufzufassen.[6]) Dies mochte für die Obrigkeit eine Beruhigung sein, eine Aenderung der Verhältnisse brachte es aber nicht. Jedenfalls wurde diese Versicherung reichlich dadurch wieder aufgehoben, dass man dem Syndic, der dem Konsistorium angehörte, das Tragen seines Abzeichens, des Stabes, verbot.

---

[5]) Z. B. in Bern.
[6]) Cf. Cornelius, Histor. Arbeiten 375.

Anstatt nun die Früchte der Wirksamkeit des Konsistoriums an Genf und seinen Bewohnern zu zeigen, berichtet die Geschichte während der nächsten 14 Jahre von unaufhörlichen Streitigkeiten zwischen der Obrigkeit und dem Konsistorium. Fast immer ging die Schuld von dem letzteren aus. Tief in die „Coûtume" des Genfer Lebens einschreitende Massregeln sollten von heute auf morgen zur Durchführung gelangen, wer sich eines guten Rufes bisher erfreut hatte, musste riskieren, auf irgend welche Denunziation hin vor das Sittentribunal zitiert zu werden. Von einem gemeinsamen Wirken von Obrigkeit und Konsistorium war keine Spur. Der Genfer Rat, dem wir allen guten Willen zutrauen dürfen, sah sich eines Tages einer usurpatorischen Gegenobrigkeit gegenüber, der zu misstrauen er allen Grund hatte. Der Rat wehrte sich denn auch verzweifelt gegen ihre Uebergriffe. 1554, also ein Jahr, bevor er ganz unterlag, weigerte er sich noch, blosse Deputationen des Konsistoriums anzuhören und setzte es durch, dass dieses in corpore vor ihm erscheinen musste.

Auch der Staat Genf fühlte sich eben als christliche Obrigkeit. Auch er hatte nicht die Absicht, die Kirche innerhalb seines Gebietes verkümmern zu lassen, nur sollte sie nicht allmächtig werden.

Das Konsistorium war als williges Werkzeug in Calvins Hand, recht engherzig mit Bezug auf die Auffassung seiner Tätigkeit. Sein Spitzeltum, seine Sündenriecherei machten es überall verhasst. Die Genfer, die sich durch die Reformation von dem geistlichen Joche befreit glaubten, sahen sich plötzlich noch viel mehr eingeschränkt. Teilweise waren es Bagatellen, womit sich das Konsistorium nützlich machen zu müssen glaubte. Das Verbot der Taufe mit den Namen der drei heiligen Könige, die als heidnische Namen verachtet waren, die Bleiplättchen, die als Ausweise über die vorgeschriebene Anzahl der Kirchenbesuche beim Genusse des Abendmahls vorgewiesen werden mussten, die Anordnung von lärmischen Arbeiten auf den Weihnachtstag, um der alten Lehre gegenüber zu betonen, dass er kein biblischer Sonntag sei, dies und andere Dinge waren es, womit sich das Konsistorium beschäftigte und um derentwillen es keinen Konflikt mit der Obrigkeit scheute. So sonderbar, so unglaublich auch manche Einzelheiten scheinen, sollen sie doch nicht davon abhalten, einen Weg zu finden, um sie mit dem Wesen Calvins in Einklang zu bringen.

Darnach kommen wir dazu, zu behaupten: Calvins Absicht ging bei der Einführung des Konsistoriums weit über die ähnlichen Institute anderer Städte hinaus. Derselbe Name, dieselbe scheinbare Zusammensetzung aus Vertretern der Kirche und des Staates sollten die Genfer nur darüber täuschen, dass es sich um eine völlig kirchliche, der staatlichen inneren Selbstständigkeit feindlich gesinnte Behörde handle. Wie Calvin die Geistlichen betrachtete, so betrachtete er auch sich als ausserhalb des Staates stehend, gewissermassen als Heilsbringer, zugleich aber als Verteidiger und Verfechter der Ehre Gottes. Diese Aufgabe sollte das Konsistorium erleichtern. Es sollte den Genfern gewissermassen die Garantie für Gottes permanente Gunst bilden. Befolgte man seinen Willen, dann war man richtig reformiert. Aber weit davon, dass Calvin hier irgend welchem freien Willen Spielraum gelassen hätte, es gab nur einen Weg zur Erlangung der Zufriedenheit Gottes und diesen Weg musste gehen, wer unter Calvins Herrschaft kam.

Die Menschen waren leider noch nicht so weit, sich durch kirchliche Strafen imponieren zu lassen. Die Obrigkeit mit ihrem Richtschwert hatte zunächst noch mehr Wirkung. Wie gut, sie an ihre Pflichten vor Gott erinnern und seinen Zwecken dienstbar machen zu können. Jedenfalls war bei jedem Gerichtsfalle, bei jeder Staatshandlung Gott gewissermassen interessiert und dieses Interesse hatte das Konsistorium wahrzunehmen. Hatte nicht Genf seinerzeit Calvin um Hülfe aus der Verlegenheit gebeten, war jetzt nicht der Zeitpunkt gekommen, die entsprechenden Gegendienste zurückzufordern? Und wenn Genf sich undankbar erwies, hatte man dann nicht das Recht, der Stadt seine und damit die göttliche Freundschaft zu kündigen? Hatte man dann nicht geradezu die Pflicht, Gottes Wünsche mit Hülfe fremder Emigranten durchzusetzen? Calvin war den Genfern unentbehrlich geworden. Durch die weitesten Konzessionen hatten sie ihn in Genf festgehalten. Jetzt hielt es schwer, sich von seinem Drucke zu befreien. Schon bald musste sich die Genfer Obrigkeit zur Defensive verurteilt sehen, was das Konsistorium vorschlug, musste bedingungslos sanktioniert werden, wollte man es nicht auf einen hartnäckigen Kampf ankommen lassen.

Immerhin ist das entworfene Bild des Konsistoriums ein ungenaues, wenn man nicht noch eine Seite der näheren Betrachtung unterzieht. Es ist die Stellung dieser Behörde zum Volke. Diesem musste das Konsistorium mit seinen Gerichtssitzungen, Hausvisitationen, Zwangsmitteln als Staat, als Obrigkeit vorkommen. Der Staat nährte diesen Glauben noch dadurch, dass er die Ueberwachung der Ehen und andere Aufsichtsgebiete ihm ganz delegierte. Nach aussen hin erscheinen nun Rat und Konsistorium gewissermassen doch als eins. In Genf schien das Konsistorium das „christlich" des christlichen Staates auszumachen.

Das wichtigste Ziel des Consistoire war von jeher die Erreichung der Exkommunikationsgewalt gewesen. Damit allein war es möglich, die Gläubigen ganz in die Gewalt zu bekommen. Schon in der Institutio spielt der Bann eine Rolle.[7] Darnach dient er zur Reinerhaltung der Christenheit und wird ausgeübt von der Gemeinschaft der Gläubigen.

Im 11. Kapitel des IV. Buches der Institutio, wo Calvin von der geistlichen Jurisdiktion spricht, übergibt er die Exkommunikation den Anciens als Mittel zur Korrektur der Sitten. Er stützt sich dabei auf die Stelle Matth. 18, 18, wo von der Binde- und Lösegewalt die Rede ist. Träger dieser Gewalt ist nach Calvin das Konsistorium. Die Feier des Abendmahls betrachtet er gewissermassen als eine Huldigung vor Gott. In der Exkommunikation sieht er nicht die ewige Vernichtung und Verdammung, sie soll höchstens den Menschen daran erinnern, dass das jüngste Gericht seiner wartet und sein Vergehen ahnden wird.[8] Die Exkommunikation soll nicht allzu häufig angewendet werden und nicht mit zu strengen Folgen verbunden

---

[7] Cf. Spiess 106.
[8] Institutio IV. 12, 11.

sein, wie denn überhaupt die Handhabung der Sittenzucht eine milde [9]) sein soll, um nicht die Arznei, die sie darstellt, in Gift zu verwandeln. Calvin rühmt sich, die Exkommunikation aus der Vergessenheit wieder ans Licht gezogen zu haben. Sie soll die schwerste und letzte Strafe für Sünden sein.

Der Staat hinwiederum glaubte den letzten Entscheid in allen Strafsachen für sich in Anspruch nehmen zu müssen. Als christliche Obrigkeit hielt er sich befähigt und berechtigt, Gottes Ehre selbst zu wahren. Ausserdem lag die Gefahr nahe, dass die geistliche Strafe Anlass zu mancher Unzufriedenheit sein würde. Welche Stellung hatte denn der Staat gegenüber einem Exkommunizierten einzunehmen? Jedenfalls verlangte Calvin auch politische Nachteile für einen solchen. Hatte er deshalb für sein Konsistorium das unumschränkte Recht der Exkommunikation in Händen, so erzwang er sich gewissermassen eine moralische Identität von Staat und Kirche, die Exkommunikation wurde zu einer bürgerlichen Strafe, die Kirche beherrschte das staatliche Strafsystem. Aus diesem Grunde war die Genfer Obrigkeit für eine bedingungslose Sanktionierung der Exkommunikation nicht zu haben, deshalb verlangte sie eine jedesmalige Anmeldung der Exkommunizierten, deswegen gab sie von Staatswegen dem de Jussy das Abendmahl.

Wir können es nur begreifen, wenn die Genfer Behörde mit grosser Hartnäckigkeit die Freigabe der Exkommunikation an das Consistoire verweigerte. Calvin hatte noch jede Konzession missbraucht, die man ihm gemacht hatte. Der Gang der Ereignisse lehrt, dass die hier gehegten Befürchtungen mehr als begründet waren.[10]). Die Liste der Exkommunizierten weist von 1555, dem Jahre, wo Calvin zum ersten Mal rücksichtslos über das Mittel der Exkommunikation verfügen konnte, eine rapide Vergrösserung auf.

Trotzdem war der Staat nicht in der Lage, Calvin und seinen Forderungen mit einem kategorischen „Nein" entgegenzutreten. Er geriet dadurch in eine schlimme Zwangslage, indem er einerseits dem Konsistorium das Recht der Exkommuni-

---

[9]) Dieser Theorie entsprach die Praxis Calvins nicht immer!
[10]) Cf. Kampschulte II. 287.

kation versagen musste, dessen Zuwiderhandeln aber nicht ahnden konnte.

Das Konsistorium anderseits wagte nicht, an die Selbstständigkeit seines Institutes zu glauben, bevor es im Stande war, seinen Anordnungen unabhängig von der Staatsgewalt Nachachtung zu verschaffen. Das Erlangen der vollen Exkommunikationsfreiheit war während der ganzen Kampfesperiode sein höchstes Streben. Das Konsistorium war es ja, das die Genfer mit äusseren Zwangsmitteln zur Feier des Abendmahles trieb, es sollte diese doch gewiss auch verbieten können.

Man sieht, dass Obrigkeit und Konsistorium von ihren Standpunkten aus allen Grund hatten, bei ihren Forderungen zu verharren, allein endlich musste es doch zur Entscheidung kommen, länger dauernde Kompromisse verbesserten die Lage keineswegs. 1555 ging das Sittengericht als Sieger aus dem Kampfe hervor. Das war hauptsächlich Calvins hartnäckigem Wesen und der tatkräftigen Hülfe der fremden Emigranten zu verdanken.

Mit der Exkommunikation war die ganze Sittenzucht in die Hände des Konsistoriums gekommen und die Obrigkeit zum vollziehenden Organ herabgedrückt worden. Wie Calvin Genf regierte, was seit Jahren sein Ziel gewesen war, was er erkämpfen wollte während seines Lebens, das zeigt uns die Genfer Geschichte nach 1555. Mit aller Konsequenz wurden die Ideen der Institutio Christiana weitergedacht und auf Genf angewandt.[11]

Wir wundern uns nicht, wenn Luther seine Anschauungen über die Sittenzucht weniger zusammenhängend und klar ausdrückt, als Calvin. Seine Reformation will den menschlichen Institutionen auf allen Gebieten des Lebens die gottgewollte Richtung geben. Ob es nun im Weiteren kirchliche, ethische, politische oder materielle Fortschritte seien, darüber macht er sich wenig Gedanken. Seine Bekämpfung der „Gräuel des Papsttums" lässt z. B. die Frage offen, ob sie wegen der Nichtübereinstimmung mit der Schrift oder wegen der ethischen Inferiorität erfolge, wir finden eben nur die Begeisterung, alles zu verbessern, vor. Aus diesem

---

[11] Cf. Kampschulte II. 281 ff.

Grunde ist Luther auch nicht dafür, alles gleichmässig zu reformieren und auf dieselbe Form zurückzuführen.

Dies gilt insbesondere auf dem Gebiet der Sittenzucht. Die Obrigkeiten sollen, jede in ihrem Lande, das möglichste tun, dass jede Untat auf Erden gesühnt werde. Den Predigern liegt es ob, für das seelische Wohl zu sorgen. Bald sehen wir indessen Luther sich mit der Frage der Konsistorien beschäftigen. Diese lassen sich nicht ohne weiteres als lutherische Schöpfung bezeichnen. Von allem Anfang an interessierte ihn das Verfassungsmässige an seinen Neuerungen am allerwenigsten. Sein weites Arbeitsfeld, die Unmöglichkeit für den Geistlichen, die ihnen zugemutete Arbeit zu bewältigen, sein Bedürfnis nach Unterstützung und Deckung, ferner der Umstand, dass der Geistliche seiner Gemeinde im Vergleich zu der hierarchisch organisierten Clerisei Roms viel zu vereinzelt gegenüberstand, vermochten ihn mit der Idee eines Kirchengerichts einigermassen zu befreunden. Besonders gefiel ihm an der neuen Einrichtung, dass sie ihm Gelegenheit bot, die Ehestreitigkeiten vor ein Forum zu weisen, dem mehr Zeit zur Verfügung stand als den Einzelgeistlichen.[12] Die Anregung dazu war von Justus Jonas ausgegangen und von dem sächsischen Kanzler Brück beifällig aufgenommen worden. Was dieser dann dem Kurfürsten zur Annahme empfahl, hatte allerdings mit Luthers Vorstellung von der Sache nicht viel mehr als den Namen gemein: Aus Theologen und Juristen zusammengesetzt, sollte das Konsistorium gewissermassen die unparteiische Aufsichtsbehörde über die Kirche und das kirchliche Leben, oder gar zwischen Staat und Kirche das Mittelglied bilden. Bei allen Konflikten hätte sie Recht sprechen und zu diesem Zwecke wohl das kanonische Recht wieder aufleben lassen sollen.

Von alledem wollte Luther nichts wissen. Seine Anschauung entnehmen wir der „Reformatio Wittebergensis" von 1545, von der wir voraussetzen dürfen, dass sie seine Ansichten enthält.[13] Hier spricht Melanchton (S. 91 f.) von den „Judicia ecclesiastica". Sie dienen lediglich den idealen Interessen der

---

[12] Erl. Ausg. 61, 223, 246.
[13] Cf. Richter II. 81 ff.

Kirche, sie führen zur Busse („via ad poenitentiam"). Deshalb wirken sie auch nicht durch weltliche Strafen, sondern zunächst mit dem Worte Gottes, dann aber mit einer Trennung („separatio") oder Ausstossung („ejectio") von der Kirche. Auch die Zerwürfnisse der Ehen fallen ihrer Entscheidung anheim. Die Reformatio betont die Notwendigkeit dieses Institutes, bestünde es nicht, so wären traurige Zustände in Sitte und Lehre die Folge. Die einzelnen Geistlichen sind nun einmal nicht dazu vorgebildet, um die oft komplizierten Fälle von Ehestreitigkeiten zu schlichten. Besonders wichtig ist das Kirchengericht zum Schutze der Geistlichen selbst. Unter seine Strafkompetenz fallen diejenigen, die die Geistlichen schmähen.[14] Im übrigen ahndet es alle Vergehen, um die die weltliche Gewalt sich nicht kümmert: Verbreiten einer Irrlehre, Schmähen der wahren Lehre, Gleichgültigkeit gegenüber dem Abendmahl und der Sündenvergebung, Wucher, Prasserei und Spielsucht. Das Machtmittel dieses Konsistoriums war der Bann. Dieser soll in der Kirche publiziert werden. Die Gläubigen sollen die Gemeinschaft mit den Exkommunizierten meiden. Luther hält es für eine Pflicht des Staates, der Kirche beizustehen, wenn die Exkommunikation wirkungslos bleibt, er ermahnt das Kirchengericht, mit Frömmigkeit und Wahrheitsliebe zu amten. Es soll bestehen aus Geistlichen, aber auch aus gottesfürchtigen Laien. Denn Geistliche und Laien als Vertreter der ganzen Kirche meint Christus, wenn er sagt: „Dic ecclesiae..." Matth. XVIII., 17.

Mit Bezug auf die Kirchenzucht dürfen wir Luther die grösste Strenge zumuten, wir müssen unwillkürlich an Calvin denken, wenn wir erfahren, wie er im konkreten Fall über einen Menschen sprach, der das Abendmahl längere Zeit nicht besucht hatte.[15] Wie ein Hund soll er nach seinem Tode auf dem Schindanger verscharrt werden, vorläufig bannt man ihn von dem Konsistorium aus und überlässt seine weitere Bestrafung der Staatsgewalt. Eine andere Stelle zeigt uns das Wittenberger Konsistorium bei der Arbeit.[16] Sie macht uns damit bekannt,

---

[14] Ähnl. bei Calvin.
[15] Cf. Erl. Ausg. 59, 160.
[16] Erl. Ausg. 61, 245.

dass die weltlichen Gerichte bei allen ärgerlichen Fällen auf Befehl der Obrigkeit die Konsistorien um Rechtsgutachten und Angabe der Strafe angehen sollten. Sie zeigt uns ferner, dass das Kirchengericht in ein und demselben Falle die Verbrecher wegen ihrer Straftat und den Ortsgeistlichen wegen falscher Behandlung der Sache bestraft. Die Konsistorien waren gewissermassen an die Stelle der Bischöfe getreten, in gleicher Weise dazu bestimmt, Ordnung in das kirchliche Leben, wie in den geistlichen Stand selbst zu bringen.

Trotz mancher grossen Aehnlichkeit zwischen Calvins und Luthers Konsistorium, welch grosser Unterschied. Des letzteren Kirchengericht war nicht staatsfeindlich gesinnt, es unterstützte vielmehr die Obrigkeit nach besten Kräften. Es war dazu eingerichtet, Zweifelsfragen in Kirchendingen zu beantworten und arbeitete nicht mit der Inquisition. Es gab sich auch stets nur als Kirchenbehörde zu erkennen und blieb auf die geistliche Gerichtsbarkeit beschränkt. Die Laienmitglieder sind ausdrücklich als Glieder der Kirche aufgefasst und sollen nicht, wie bei Calvin, Repräsentanten des Staates vorstellen. Wenn auch sonst auf dem Gebiete der Sittenzucht manche Härte in Luthers Auffassung an Calvin erinnert, so darf zu deren Beurteilung nicht vergessen werden, dass Calvins Anordnungen, zur sofortigen Ausführung im kleinen Genf bestimmt, unendlich schroffer wirkten, als Luthers allgemeine Vorschläge.

Schon mehrfach wurde die Exkommunikation erwähnt. An verschiedenen Stellen beschäftigt sich Luther eingehend damit. Besonders im Sermon vom Bann, in den Tischreden und an anderen Orten.[17]) Der Bann ist biblischen Ursprungs. Von da wurde er in die katholische Kirche herübergenommen. Wie wohl sich auch Stellen finden, wo Luther seine bisherige Anwendung billigt — er führt das Beispiel des Bischofs Ambrosius von Mailand an —, so ist er im allgemeinen doch der Ansicht, dass die römische Kirche den Bann missbraucht habe, indem sie nicht Gottes Interessen, sondern ihre eigenen damit schützte.[18]) Eine solche Verwendung des Bannes ist durch die Reformation

---

[17]) Erl. Ausg. 27, 50; 59, 155 f.
[18]) Erl. Ausg. 59, 156.

mit Recht in Abgang gekommen, allein was an ihre Stelle getreten ist, ist damit noch nicht die richtige, biblische Art des Bannes. Diese ist deshalb verschwunden, weil die Menschen sich scheuen, ihren Nächsten die Wahrheit zu sagen und sie zu ermahnen. Die Christen sollten dem Vergehen ihrer Brüder entgegentreten, sie haben aber häufig die dazu nötigen moralischen Qualitäten nicht und wollen nicht riskieren, dass ihr Nächster ihnen den Balken im eigenen Auge zeigt. Die Gründe, die Luther hier anführt, müssen uns zeigen, dass das, was er unter Bann versteht, etwas ist, was die Christen sich gegenseitig und Gott schuldig sind. Gerade deshalb und weil ja eine zeitweise ungeübt gebliebene Sitte damit nicht ungültig geworden ist, findet Luther es am Platze, den Bann wieder einzuführen. Aber gegen seine sonstige Gewohnheit sehen wir ihn hier schematisieren. Er unterscheidet einen sichtbaren und einen unsichtbaren Bann. Beide haben im Grunde dieselbe Wirkung, sie entfremden den Menschen der Kirche und damit der göttlichen Gnade. Der unsichtbare Bann wirkt lediglich durch das schlechte Gewissen. Trotzdem der Betroffene nicht an der Teilnahme an kirchlichen Handlungen behindert ist, fühlt er sich von Gott fern und unwürdig. Der sichtbare Bann wirkt durch das Urteil der Oeffentlichkeit und weiss den Betroffenen durch Zwangsmittel von den Wohltaten der Kirche fernzuhalten. Die beiden genannten Arten des Bannes sind der kleine Bann. Ihnen gegenüber ist der grosse Bann, der von Rom nach Analogie der kaiserlichen Reichsacht praktizierte, durch den sich der Papst eine ungebührliche Gewalt in der Politik anmasste und sicherte.[19])

Der Bann hat den Zweck, alle diejenigen, die sich durch ihren Wandel als unwürdig erweisen, von den heiligen Handlungen auszuschliessen, und zwar bis zur Besserung. Die Kirche dokumentiert dadurch, dass sie, soweit sie es von sich aus zu tun in der Lage ist, die Gemeinde Gottes rein erhalten will. Sie wälzt dadurch den Verdacht ungenügender gegenseitiger Kontrolle von sich und ihren Organen, den Geistlichen, ab. Gleichzeitig enthält der Bann aber auch eine Warnung für den

---

[19]) Erl. Ausg. 44, 83 ff, 86, 92, 105.

fehlenden Christen: Die Gemeinde — um wie viel mehr also Gott — missbilligt offiziell dein Verhalten, suche dich zu bessern! Der Exkommunizierte behält demnach den Anspruch auf alle diejenigen kirchlichen Handlungen, welche dazu angetan sind, seine Reue und Busse zu fördern: z. B. auf die Fürbitte der Gläubigen und auf das Anhören des göttlichen Wortes.[20]) Ignoriert wird aber eben seine Mitgliedschaft an der Gemeinde. Aus Luthers Werken vernehmen wir konkrete Fälle von Gebannten: Ehebrecher, Wucherer, Mörder, Betrüger. Im übrigen galt die heilige Schrift I. Cor. V., 11—13. Daneben nennt Luther noch eine Klasse von Menschen, die, ohne gebannt zu sein, Exkommunizierten gleich zu behandeln sind: Es sind diejenigen, welche ein Verachten Gottes und der Kirche zur Schau tragen. Von ihnen sagt er, sie „sind allbereit darinne (im Banne), bis uber die Ohren."[21]) Bemerkenswert ist noch, dass Luther die katholische Kirche als im Bann befindlich betrachtet: „Nu sagen wir offentlich: Der Papst sampt seinem Haufen gläubt nicht; darumb bekennen wir, er werde nicht selig, das ist verdammet werden."

Den Bann verwaltet die ganze Kirchgemeinde, in ihrem Namen wird er von den Geistlichen ausgesprochen. Luther versäumt nicht, sie auf die ernste Aufgabe aufmerksam zu machen, die sie damit haben.[22]) „Zum Banne gehören feine, geherzte, freudige und verständige Pfarrherrn, in geistlichen Sachen wohl erfahren und geübt."[23]) Niemandem kann der Bann schädlicher werden, als denen, die ihn ausüben.[24])

Aus diesem Grunde soll denn auch vorsichtig, d. h. genau nach dem Worte der heiligen Schrift vorgegangen werden.[25]) Zunächst soll der Fehlbare unter vier Augen und dann vor Zeugen ermahnt werden, erst wenn diese beiden Mittel nicht fruchten, greift man zum Bann. Dieser wird der Gemeinde von der Kanzel

---

[20]) Erl. Ausg. 24, 117 f.
[21]) Erl. Ausg. 59, 179.
[22]) Erl. Ausg. 59, 164.
[23]) Erl. Ausg. 59, 180.
[24]) Erl. Ausg. 27, 56 ff., 60 ff.
[25]) Matth. XVIII. 15 ff.

herunter proklamiert, und nun ist es an ersterer, seine Folgen eintreten zu lassen. Luther schreibt sogar eine Bannformel vor.²⁵) In der Besprechung der Folgen des Bannes zeigt Luther eine an Calvin erinnernde Härte. Der Exkommunizierte ist einfach ein Heide, er ist ohne Hoffnung auf die Vergebung seiner Sünden.²⁶) Jede Gemeinschaft mit ihm ist seinen ehemaligen Mitchristen untersagt, sie würden ja dadurch verunreinigt. Der Betreffende ist nicht versöhnt, weder mit Gott noch mit seinen Mitchristen, gebietet ihm sein Gewissen nicht, von der heiligen Handlung fernzubleiben, so hat ihn die Gemeinde so auszuschliessen, dass er es auch in seinem bürgerlichen Leben spürt.²⁷) „Er denke nur nicht, dass er in Himmel gehöre," äussert sich Luther über einen unlauteren, von ihm gebannten Geschäftsmann.

Die Stellung der Obrigkeit zur Exkommunikation erwähnt Luther in einem besonderen Tischgespräch.²⁸) Sie hat sich um den Bann nicht zu kümmern, hat aber dafür Sorge zu tragen, dass zwischen ihr und der Kirche kein abweichender Masstab in der Behandlung der strafbaren Handlung entsteht. Vergehen, die den Bann nach sich ziehen, soll sie nicht ungestraft lassen, im übrigen hat sie der kirchlichen Strafgewalt nicht hindernd in den Weg zu treten. Der Staat ist bei der Ahndung eines Unrechts immer der erste. Er bestraft jemanden und dann fügt die Kirche ihren Bann hinzu. Wird die Strafe von Staatswegen hinfällig, dann bewirkt die Vorweisung des betreffenden Aktenstücks auch eine Rücknahme des Bannes von Seiten der Kirche.²⁹)

Hier bemerken wir einen grossen Unterschied zwischen Luthers Anschauung und derjenigen Calvins. Letzterer betrachtete den Bann als das primäre, tat dann die Obrigkeit das Ihre nicht zur Bestrafung des Fehlbaren, so war die Kirche in ihrem Ansehen beeinträchtigt. Deshalb haben wir bei Calvin immer den Kampf um die Frage, wer das letzte Wort habe. Luther gestand es unumwunden dem Staate zu. Es ist für ihn

---

²⁵a) Erl. Ausg. 59, 165.
²⁶) Erl. Ausg. 59, 168.
²⁷) Matth. V. 23 ff.
²⁸) Erl. Ausg. 59, 170.
²⁹) Erl. Ausg. 59, 165 f.

charakteristisch, dass er den Bann als das einzig erlaubte Mittel gegen die Feinde der Kirche bezeichnet, es ist aber auch ein hinreichendes Mittel, um sich vor Gott zu rechtfertigen. „Da sie (die Fürsten) aber nicht wollen Christen sein und sich des christlichen Namens verzeihen und begeben, nicht mehr Christen genannt werden, so wollen wir zwar willig und bereit sein, ihre Tyrannei, Frevel und unrechte Gewalt gerne mit Geduld von Herzen leiden, sie fahren lassen als Heiden, Jüden und Türken und es dem lieben Gott befehlen." [30]) Hat die Kirche den Fürsten in Bann getan, so ist damit ihr Widerstandsrecht erschöpft, sie hat ihm weiterhin zu gehorchen und das Uebrige Gott anheimzustellen.

Auch darin weicht Luther von Calvin ab. Der letztere verlangt, dass die Kirche sich den Staat „dressiert", wie sie ihn braucht. Das Oberhaupt zu exkommunizieren und dann die Sache auf sich bewenden zu lassen, das wäre sträfliche Nachlässigkeit gewesen.

Seine Regelung der Sittenzucht hat Zwingli ganz selbstverständlich dem Staate überlassen. Angeleitet durch die Predigten ihres Leutpriesters am Grossmünster, wachte die Zürcher Obrigkeit als eine wahrhaft christliche über der Moral ihrer Untertanen. Die Akten jener Tage zeigen uns, wie Delikte jeder Art vom Rate mit weltlicher Strafe bedacht wurden. Besonders auf den Synoden war es die Pflicht jedes Synodalen, die Obrigkeit auf sittliche Uebelstände aufmerksam zu machen. Der hohe Ernst, mit welchem die Obrigkeit ihre Aufgabe betrachtete, die Strenge, welche sie dabei walten liess, zeigen, dass Zwingli sich in ihr nicht getäuscht hatte. Nicht nur die allgemeine Sittenzucht, sondern auch die Kirchenzucht sehen wir in Zürich vom Staate ausgeübt.[31]) Besuch des Gottesdienstes, Sonntagsheiligung, Bestimmung der Feiertage, Fasten, u. s. w. sind alles Gebiete, die der Staat zu regeln hatte.[32]) Die Kirche Zwinglis hat sich darnach auf das beschränkt, was bei Calvin die Pasteurs taten. Anstatt mit den übrigen Gebieten der

---

[30]) Erl. Ausg. 59, 156.
[31]) Egli Akten 1656.
[32]) Egli Akten 946.

kirchlicher Aemter besondere Behörden zu betrauen, überliess man sie dem Staate. Aus diesem Grunde hatte denn auch die Kirche nicht nötig, sich um die Sittenzucht im weiteren Sinne zu kümmern, sie braucht ja nicht, wie Calvin, auf diesem Wege Einfluss zu erlangen. Die Regelung des ganzen sittlichen Lebens war dem Staate anheimgestellt. Sittenmandate, sogen. Nachgänge und Strafurteile, deuten in grosser Anzahl darauf hin, dass er die Sittenzucht für eine seiner obersten Aufgaben hielt. Mit grosser Umsicht ahndete er nicht nur die bestehenden Unsitten, sondern suchte auch vorbeugend zu wirken. Als Belege dafür mögen die Mandate von 1519 und 1533 angeführt sein.

Ganz ohne Sonderbehörde und Organisation ging es aber bei der Sittenzucht und insbesondere bei der Ueberwachung der Ehe doch nicht ab. Besonders auf dem Lande bedurfte es eines speziellen Institutes zu ihrer Handhabung. Auch in der Stadt waren es gerade die Ehehändel, die eine besondere Behörde verlangten. So entstanden Ehegaumer und Ehegericht. Das letztere,[33]) die Stadtbehörde, bildete zugleich eine Art von Oberinstanz für die ersteren.

Die Aufsichtsbehörde auf dem Lande bestand aus dem Geistlichen, aber nicht als Vertreter der Kirche, sondern wohl nur als dem gebildetsten Mitglied der Gemeinde und aus einer kleinen Anzahl von Gemeindeangehörigen. Ihnen lag es ob, jeweilen nach den Gottesdiensten in der Kirche über alles das zu beraten, was ihnen in dem sittlichen Leben der Gemeindeglieder auffiel. Die Kompetenz beschränkte sich auf Ermahnung des Fehlbaren und auf Ueberweisung des Falles an das Ehe- oder Chorgericht in Zürich.[34]) Dieses letztere stellte die mit der Ueberwachung des sittlichen Lebens betraute Kommission des Staates dar. Es bestand aus sechs Personen, zwei Leutpriestern, zwei Mitgliedern des grossen und zwei des kleinen Rates. Von dem Ehegericht gab es eine Appellation an den Rat. Im übrigen hatte das Chorgericht vollkommen freie Hand.[35]) Mehr als einmal erteilte es dem Rate seine Anordnungen und dieser wiederum

[33]) Später von Oekolampad in Basel eingeführt 1529. Richter KO. I. 120.
[34]) Sch. & Sch. II." 356 f.
[35]) Egli, Akten 944, 1168.

sorgte für die Aufrechterhaltung der Ordnung und die Autorität sorgte für die Aufrechterhaltung der Ordnung und Autorität des Ehegerichts. Dass diese nicht von vorneherein gesichert war, zeigt der Fall der Stadt Stein, die ein eigenes Chorgericht errichtet hatte.[36]) Der Rat nötigte die Steiner Bürger zu dessen Abschaffung und zur Anerkennung des zürcherischen.

Das straffe Vorgehen der Obrigkeit gegen allerlei Unsitten konnte Zwingli nur billigen. Wenn er auch für die Kirche ursprünglich eine Art von Selbstverwaltung in den Gemeinden vorgesehen hatte, so war es gewiss zunächst zu begrüssen, wenn die Obrigkeit die Sache an die Hand nahm. Zwingli, ihr Berater, brauchte sich nicht vor deren Uebergriffen zu fürchten. Vor allen Dingen kam es darauf an, das Gute zu fördern, ob Gott sich dabei des Staates oder der Kirche bediente, war im Grunde gleichgültig. Was die materiellen Interessen beider Gewalten anbetraf, so gingen sie ja parallel.

So übernahm denn die Obrigkeit nach und nach alle Funktionen der früheren kirchlichen Hierarchie, zuletzt auch die Ueberwachung der Ehe. Den Geistlichen blieb lediglich die Verkündigung und Interpretation des Wortes Gottes. Auf dem Gebiete des äusseren kirchlichen Lebens sehen wir also den Staat und nicht die Kirchgemeinde das Erbe Roms antreten.

Es war gewiss ein Verdienst Zwinglis, frühere gute Anordnungen übernommen und weitergebildet zu haben. Gerade bei dem schweren Beginnen, Staat und Kirche ihre Aufgaben zuzuweisen, stand er ganz auf dem Boden des Waldmannischen Konkordats. Aeussere Umstände erleichterten die kirchliche Aufgabe des Staates wesentlich. In der Stadt fiel die Kirchgemeinde mit dem Staat, der Obrigkeit im weiteren Sinne, zusammen,[37]) für die Landschaft mochte zunächst ein Verzicht auf das Selbstverwaltungsrecht aus Gründen der Ruhe und Ordnung wohl angebracht sein.

Der Staat handelte ja ausserdem nicht als Staatsgewalt, er handelte ausdrücklich „anstatt gemeiner Kylchen", d. h. an-

---

[36]) Egli, Akten 1173.
[37]) Deshalb sieht man ihn den Inhalt der Predigten kontrollieren. Egli, Akten 879.

statt des Volkes, der Gemeinde,[38]) und auch das Chorgericht stand ja gewissermassen ausserhalb der Regierung.[39]) Sehr bezeichnend ist in einem der damaligen Aktenstücke die Auseinanderreihung von: „göttlicher eer, unser (der Obrigkeit) huld und sin (des Geistlichen) pfruond," um derentwillen der Pfarrer mangelnde Kirchenzucht dem Rate zu melden hat.[40])

An mehreren Stellen spricht sich Zwingli über den Bann aus: Insbesondere in der „uslegung" des 32. Artikels der Schlussreden.[41]) So wie Luther, hält er für notwendig, vor zu strengem und zu häufigem Gebrauch des Bannes zu warnen. Der Bann ist eben viel härter als weltliche Strafen, beraubt er doch den Betroffenen seines guten Gewissens und brandmarkt ihn vor der ganzen Christenheit. Uebrigens macht ihn eine gute christliche Obrigkeit, insbesondere die „Stillstände" eine bürgerliche Behörde mit weltlicher Strafgewalt, sozusagen überflüssig durch ihre anderweitigen Massnahmen zur Aufrechterhaltung der Zucht. Besonders verwerflich findet Zwingli natürlich die römische Praxis, jemanden in Bann zu tun wegen der Nichtbezahlung kirchlicher Abgaben u. s. w.

Der Bann ist Sache der „Kilchhöre",[42]) sie allein kann ihn verhängen und zwar nach den Vorschriften von Matth. XVIII., 15 ff. Geübt wird er an ihrer Stelle vom grossen Rat.[43])

Zwingli sieht voraus, dass die Einführung des biblischen Bannes nicht ohne Schwierigkeiten von Statten gehen werde. Der falsche, Gott missfällige, römische Bann ist ja gerade das, was der römischen Kirche den Halt gibt, er ist das Wasser, ohne das die „Kürbs" vertrocknet, die Zähne, ohne die der Wolf ungefährlich ist.[44]) Deshalb wird sie sich mit allen Mitteln gegen die Abschaffung dieser Missbräuche sträuben. Da soll nun die Obrigkeit eingreifen und ihre Untertanen von den Re-

---

[38]) Cf. Hundeshagen Beiträge 213.
[39]) Egli, Akten 1168.
[40]) Egli, Akten 1656.
[41]) Sch. & Sch. I. 340. Cf. auch III. S. 135.
[42]) Sch. & Sch. I. 336.
[43]) Cf. Hundeshagen, Konflikte S. 38.
[44]) Sch. & Sch. I. 342.

pressalien des erzürnten Rom bewahren. Ihre Tätigkeit ist also bei der Exkommunikation das Schützen der Untertanen, das Verunmöglichen der falschen Anwendung des Bannes. Anderseits besteht ihre Aufgabe in dem Vorbereiten des wahren Bannes. Sie soll alles tun, um ihm zur Einführung zu verhelfen. Das ist auch der Sinn eines Gutachtens, das Zwingli 1525 dem Rat von Zürich einreichte, um es von ihm sanktionieren zu lassen.[45]) Im einzelnen Falle ist dem Staate eine sekundäre Rolle zugewiesen. Nach seinem Gutdünken kann er den von der Kirche Exkommunizierten noch verbannen, und ihn so auch örtlich von den Gläubigen, die ihn ausgeschlossen haben, trennen. Den Grund zum Banne geben: Ehebruch, Hurerei, Gotteslästern, Trunkenheit, Totschlag, Meineid, Raub, Diebstahl und Geiz. Den Zinskauf selbst nennt Zwingli ausdrücklich gravierend genug, um mit dem Banne bestraft zu werden.

In dem Umfange von Zwinglis Vorschlägen hat die Obrigkeit das Gutachten allerdings nicht bestätigt. Ohne Zweifel ergriff sie aber selbst um so strengere Massnahmen zur Ahndung solcher Verbrechen, so dass Zwingli sich mit dem Gedanken versöhnen konnte, auch ohne feststehende Satzungen über die Exkommunikation durchzukommen. Aus seinem Briefwechsel geht hervor, dass er sich mehr und mehr auf den Standpunkt stellte, man habe vor allen Dingen die Obrigkeit an ihre Strafpflicht zu erinnern.[46])

Ein Brief von Oekolampad weist darauf hin, dass auch für auswärtige Städte Zwinglis Grundsätze massgebend gewesen waren. Darüber hat ihm Zwingli offenbar seinen Beifall ausgesprochen, denn in einer späteren Zuschrift drückt Oekolampad seine Freude darüber aus, dass seine Einrichtungen Zwinglis Gefallen fänden.[47]) Dieser Brief zeigt uns, die damals in der Schweiz überhaupt herrschende Ansicht über das Verhältnis von Staat und Kirche auf dem Gebiete der Exkommunikation: „Intolerabilior enim erit Antichristo ipso Magistratus, qui Ecclesiis autoritatem suam adimit. Magistratus gladium gerit et recte

---

[45]) 15. April. Sch. & Sch. II. 2. 353.
[46]) Cf. z. B. Sch. & Sch. VIII. S. 402.
[47]) Sch. & Sch. VIII. 510.

quidem. At Christus Medicinam et Pharmacum dedit, quo curemus fratres lapsos. Si Ecclesiae manserit sua dignitas, adhuc lucrifacere potuit, admonitionis suae remedio, etiamsi Satanae tradat in carnis interitum, sin rei omnes Magistratui sint offerendi, aut Magistratus gladium suum hebetabit aut inutilem prorsus reddet, paucis vel multis parcendo, aut saeviendo Evangelium invisum reddet. Ad haec, non emendabimus, sed prodemus fratres, quos Magistratui, deferemus. Non dixit Christus, si non audierit, dic Magistratui, sed Ecclesiae. Non excludam propterea nostros Proceres ex Ecclesia cum Catabaptistis. Sed ipsorum functio alia est ab ecclesiastica, multaque ferre et facere potest, quae puritas evangelica non agnoscit."

Im selben Jahre vernehmen wir noch durch Bucer von einer Unterredung Zwinglis mit Oekolampad.[48] Daraus geht hervor, dass Zwingli des letzteren Regelung der Exkommunikation zwar billigte, aber selbst anders gesinnt war. Bucer seinerseits hält Oekolampads Vorgehen für sehr gewagt, gerade weil es schwierig sein werde, die Grenze zwischen Staat und Kirche zu finden, und weil es den Geistlichen schwer fallen werde, sich in die Rolle von Richtern zu finden.

Solche und ähnliche Gründe mögen Zwingli davon abgehalten haben, für seine Kirche Erfolge auf diesem Gebiete anzustreben. Die Kirche war von dem bürgerlichen Leben nur schwer auszuscheiden.[49] Wie leicht konnten z. B. kirchliche Strafen ungewollte bürgerliche Nachteile nach sich ziehen. Vertrauensvoll warf Zwingli auch hier seine Sorge auf den Staat. Als christlicher Staat würde er sein möglichstes tun, den Verletzern kirchlicher Gebote wie bisher entgegenzutreten.[50] Die Exkommunikation blieb zwar bestehen, allein sie sank zur obersten Strafe des Ehegerichts für renitente Ehebrecher herab.[51]

Noch ist ein Grund zu erwähnen, warum Zwingli von dem allgemeinen Banne nichts wissen wollte: Die Wiedertäufer hatten

---

[48] Sch. & Sch. VIII. 536.
[49] Cf. Egli, Nr. 1656 (S. 704).
[50] Egli, Akten Nr. 944.
[51] Stähelin I. 454.

in Zürich ein ähnliches Institut errichtet.[52]) Es ihnen gleichzutun, wäre nicht wohl angegangen und gerade weil sie die Rechtsbeständigkeit der Obrigkeit leugneten, suchte man diese zu betonen, indem man dem Rate sein volles Vertrauen bewies. Es ist aber immerhin bemerkenswert, dass gewisse Teile der Bevölkerung eine andere Ansicht vertraten, sie wollten nicht zum Abendmahle gehen, solange nicht die Möglichkeit einer Ausschliessung Unwürdiger bestehe.[53])

Wir können die Sittenzucht bei Zwingli nicht behandeln, ohne die Synode zu erwähnen. Sie wurde vom Zürcher Rat auf Zwinglis Vorschlag 1527 eingeführt, eine Spezialbehörde zur Aufsicht und Jurisdiktion über die Geistlichen und ihre Amtsführung.[54]) Sie war, wie die sächsischen Kirchenvisitationen, ein staatliches Institut und sollte der Uneinigkeit in der Lehre vorbeugen, sowie das Ansehen der Geistlichen heben. Jedenfalls ist aber zu betonen, dass die Synode nicht als Vertreterin der Kirche gegenüber dem Staate aufzufassen ist. Einer solchen war viel eher das Chorgericht zu vergleichen, das ja, wie wir gesehen haben, nicht anstand, dem Staate Verhaltungsmassregeln zu geben.

[52]) Egli, Akten 1631.
[53]) Egli, Akten Nr. 1391.
[54]) Egli, Akten Nr. 1272.

Die Ehe.

Innerhalb der Sittenzucht nimmt ein Gebiet eine ganz besondere Stellung ein und ist deshalb von den Reformatoren dementsprechend gewürdigt worden. Es ist die Ehe. Auf der einen Seite standen das kanonische Recht, das alle diesbezüglichen Fragen für sich zur Beantwortung beanspruchte, und die Kirche, die auf eine Regelung des Ehelebens nach der Vorschrift der Bibel hinzielte; auf der andern stand der Staat, dessen Grundlage ein geordnetes Familien- und Eheleben bildete und dem auch die Förderung guter Sitte am Herzen lag.

Die drei Reformatoren besprechen die Ehe von diesen Gesichtspunkten aus. Sie dokumentieren durch Wort und Tat, dass sie z. B. den priesterlichen Cölibat für unrichtig halten, dass die Kirche nicht das Recht habe, ihren Dienern die Ehe zu verbieten. Sie alle — am deutlichsten drückt sich Luther aus — sehen in der Ehe eine höchst sittliche und Sitten fördernde Institution. Wohl gründet sie sich auf die heilige Schrift und ist deshalb der Beurteilung der Geistlichen unterworfen, im übrigen ist es aber eine rein menschliche Angelegenheit.

Bei der Zürcher Reformation ging es lange, bis die Ehe zur staatlichen Institution wurde. Ueber die Kontrolle derselben und die Ehegesetzgebung war der Staat vorher kaum befragt worden. Sie hatte zum kanonischen Recht gehört. Schwere sittliche Uebelstände rechtfertigten aber die Uebernahme der Aufsicht durch den Staat. Unter seiner Oberleitung, als sein Mandatar sehen wir die Kirche die Handhabung der Ehegesetze betreiben.[1] Kirchliche Einsegnung und kirchliche Eintragung in die Bücher verliehen einer Ehe die Rechtsbeständigkeit. Diese Regelung der Verhältnisse zeigt wie nichts anderes, die Priorität

[1] Egli, Akten Nr. 473, 711.

des Staates in Zwinglis ganzem System. Die Kirche erweist sich hier lediglich als eine Erscheinungsform der obrigkeitlichen Gewalt. Sie ist gewissermassen eines der Kleider, das die Staatsgewalt für gewisse Funktionen anzieht. Je nach dem Bedürfnis und dem Volksempfinden sehen wir die Obrigkeit bald als Feldherr, bald als Richter, bald als Kirche u. s. w. auftreten. Immer aber ist es dieselbe Staatsgewalt, die in dem Kleide steckt. Die Wirkungen ihres Waltens an einem Orte gehen also auf alle anderen Tätigkeitsgebiete über. Der Staat, dem als „Kirche" Grund zum Missfallen gegeben war, verliert dieses Missfallen auch als „Fiskus" oder als „Strafrichter" nicht, überall wird der Fehlbare hintangesetzt. In einem und demselben Mandate sehen wir die Obrigkeit als Gesetzgeber mit steter Berufung auf die heilige Schrift die Ehegesetzgebung festsetzen, als Kirche die Ehe vollziehen und eintragen, wir sehen sie als Strafbehörde den Straffälligen um seine Güter bringen und als Kirche ihn bannen.[2])

Calvin nahm in den Ehesachen eine eigenartige Stellung ein. Schon 1537 verlangte er mit Farel die Einsetzung einer gemischten Behörde als Ehegericht. Calvins Verfassungsentwurf von 1541 überliess sie dem Rate, aber nicht in seiner Eigenschaft als Staatsbehörde, sondern als Kirchenbehörde. Sie sollte mit Zuziehung von Geistlichen als Beratern über Ehesachen verhandeln. Auch wurde ihr die Schaffung einer Ehegesetzgebung übertragen. In späterer Zeit, d. h. im umgeänderten Entwurf, wurde dann betont, dass die Obrigkeit nichts weiter als die Einsetzung eines Ehegerichts zu besorgen habe, dieses sollte aber von ihr unabhängig sein.[3]) Die zugezogenen Geistlichen sollten nach wie vor nur beratende Stimme haben. Wir sehen, dass Calvin das Gefühl hatte, die Ehe habe mit der Kirche direkt nichts zu tun: „ . . . pour ce que ce n'est pas matiere spirituelle, mais meslee avec la politique, cela demeurera à la Seigneurie, et neantmoins avons avisé de laisser au Consistoire la charge d'ouir les parties, afin d'en apporter leurs

---

[2]) Egli, Akten 711.
[3]) Cf. Cornelius. Hist. Arbeiten 367, 377.

avis au Conseil, pour asseoir jugement."[4]) Hier erkennt man klar und deutlich Calvins Prinzip, der kirchlichen Gewalt so viel und so wichtige Funktionen als immer möglich in die Hände zu geben, auch wenn es an einem triftigen Grunde dazu fehlte. Nur die Machtfrage spielte eine Rolle, oder aber der Verdacht, dass die Obrigkeit einer solchen Aufgabe nicht gewachsen sei. Immerhin behielt der Staat anfangs in diesen Ehesachen die letzte Entscheidung. Der Kirche überliess man mehr Aeusserlichkeiten zur Regelung (z. B. Bestimmungen über das Tragen des Brautkranzes u. s. w.).[5]) Wichtigere Entscheide traf die Obrigkeit mit ungewohnter Selbständigkeit.[6]) Ein von Calvin vorgelegter Entwurf, der allzu langes Verlobtsein verbieten sollte, wurde nicht angenommen, eine von ihm sanktionierte Ehe ohne weiteres als ungültig erklärt.[7]) Dem Ehegericht, das bald mit dem Konsistorium verschmolzen worden zu sein scheint, fiel nach allen Anzeichen die Rolle einer Sühnbehörde zu.

Jedenfalls war aber der Staat nicht bloss dazu da, als letzte Instanz zu wirken, er hatte auch vorbeugende Aufgaben. Mit Strenge ging er gegen unverständige Eltern vor, die in die Ehe ihrer Kinder nicht einwilligen wollten.[8])

Ganz sicher hatte der Staat allen Grund, die Regelung und Beurteilung der Ehestreitigkeiten in seinen Händen zu behalten, denn hier, wenn irgendwo, konnte die „Coûtume" der Genfer gefährlich werden. Die Ehe und ihre Stellung unter den neuen Verhältnissen lag gewiss dem Volksempfinden am nächsten. Hier konnte falsches, rücksichtsloses Vorgehen äusserst gefährlich wirken.

Luther unterscheidet bei den Ehesachen am allerschärfsten zwischen einer rechtlichen und einer ethischen Seite.[9]) Von der letzteren bedauert er, dass sie den Geistlichen so viel zu schaffen mache. Er findet es allerdings ganz in der Ordnung, dass Braut-

---

[4]) Richter I. 347.
[5]) Kampschulte I. 437.
[6]) Choisy 105.
[7]) Kampschulte II. 112.
[8]) Cf. Luther: Erl. Ausg. 61, 223.
[9]) Cf. Kolde II. S. 547.

leute sich in gewissen Fragen (z. B. über die zulässigen Verwandtschaftsgrade) um Auskunft aus der heiligen Schrift an den Pfarrer wenden. Dafür sollte dann später allerdings das Konsistorium aufkommen, den Pfarrern sollten nur noch die Gewissensfragen übrig bleiben.[10] Nicht weniger wichtig ist die rechtliche Seite der Ehe. Von ihr sagt Luther, sie gehöre in die Kompetenz der Obrigkeit und nicht des Pfarrherrn. Der Geistliche, der sich ja nicht in weltliche Angelegenheiten einmischen soll, soll sich der Ehesachen entschlagen, wenn man damit an ihn gelangt. Das war eben gerade einer der Uebergriffe des Papstes gewesen, dass er sich um Ehesachen gekümmert hatte, die ihn doch nichts angingen.[11] Luther spricht den Verdacht aus, dass die Obrigkeit mit vielen Ehehändeln nichts anzufangen wisse und diese deshalb den Geistlichen zuschiebe. Allein, sagt er, „wir sind Hirten über die Gewissen, nicht über Leib und Gut."[12] Weil aber der Geistliche immerhin Untertan ist, und als solcher der Obrigkeit dienen soll, so hat er dennoch zu gehorchen, wenn sie ihm den Auftrag gibt, einen Ehehandel zu schlichten.[13] Der letzte Grund, den Luther dafür angibt, dass Geistliche sich nicht mit Ehestreitigkeiten abgeben sollen, ist die Furcht vor der Kritik[14]: „ . . . da es ubel geräth, so muss die Schuld gar unser sein. Darumb wollen wir diese Sache der weltlichen Oberkeit und den Juristen lassen, die werdens alsdenn wohl verantworten."

[10] Erl. Ausg. 59, 77.
[11] Erl. Ausg. 23. 150.
[12] Erl. Ausg. 61, 180.
[13] Erl. Ausg. 61, 205.
[14] Erl. Ausg. 61, 235 f.

Die Bücherzensur.

Noch bleibt auf dem Gebiete der Sittenzucht die Bücherzensur zu behandeln.

Zum vornherein lässt sich vermuten, dass Zwingli diese dem Rate übertrug. Dieser sollte darüber wachen, dass nicht durch Lektüre dem Volke ein Nachteil zugefügt würde. So sehen wir den Rat denn auch Männer zur Kontrolle der in Zürich erscheinenden Drucksachen einsetzen. Als erster unter den aufgezählten figuriert Zwingli selbst.[1]) Früher waren allerdings schon zwei Personen zur Fahndung nach päpstlichen Schriften bestimmt gewesen, allein diese Art der Zensur war nicht nach Zwinglis Sinn. Es entsprach ganz seinem weiten Horizonte, dass er in der Lektüre anderskonfessioneller Schriften keine Gefahr für den Glauben sah. Solch kleinliche Denkweise warf er eben Rom vor (in der Streitschrift gegen Strauss von 1527).[2]) Ein Jahr früher schreibt er seine Ansicht an den Nürnberger Rat: „Vos ergo ... oro et obtestor: ... Primum ne nostrae ecclesiae et inclytae Tigurinorum civitatis exemplum vel contemnere vel damnare libeat, quae omnes cujuscumque tandem sint generis, libros Papisticos, Anabaptisticos, de corporea carnis et sanguinis Christi in pane praesentia conscriptos, libere venundari, emi, legique permittit." [3])

Calvins Wesen entspricht eine überaus strenge Handhabung der Bücherzensur. Der Staat übt sie im Auftrage der Kirche aus, weil hier ganz besonders physische Zwangsmittel zur Verwendung kommen. Nicht nur theologische Schriften, auch medizinische wissenschaftliche Werke, „Thèses" der Genfer

---

[1]) Egli, Akten Nr 319.
[2]) Sch. & Sch. II., 477 f. (Bei Finslers Bibliographie falsch!)
[3]) Sch. & Sch. VIII. 660.

Studenten, Theaterstücke, ja selbst die alten Klassiker unterliegen ihr. Calvin selbst ist ihr unterworfen. Diese letzte auf den ersten Blick so erstaunliche Tatsache darf über den wahren Sachverhalt nicht täuschen. Die Macht, die Calvin dem Staate dadurch beliess — er hatte sie schon vor Calvins Auftreten geübt —, war nur eine scheinbare und so sehr von Calvins gutem Willen und seinen Vorschriften abhängig, dass die Obrigkeit sich ihrer nie hat freuen können.[4]) Es klingt wie ein Hohn, wenn wir vernehmen, dass Calvin beim Rate um Bewilligung nachsuchte, gegen Westphal eine Entgegnung drucken zu lassen. Der Fall ist typisch für den ganzen Charakter des Verhältnisses von Staat und Kirche in Genf: Der Rat, momentan seiner Anhänger sicher, verbot die Drucklegung. Er konnte die Gelegenheit, Calvin einmal zu schikanieren, nicht unbenützt vorbeigehen lassen.

Begreiflich ist, dass wir von L u t h e r sozusagen keine Auskunft über die Bücherzensur erhalten haben. Was er in dieser Hinsicht unternahm, stand im Zeichen der Retorsion gegen Rom. Weil er aber die Intoleranz und Inquisition der katholischen Kirche scharf verurteilte, hatte er sein eigenes Vorgehen zu rechtfertigen. Dies tat er in der Schrift: „Warum des Papsts und seiner Jünger Bücher verbrannt sind", 1520.[5]) An 30 Artikeln des päpstlichen Rechts weist er nach, dass dasselbe eben anmassend und gottlos sei und deshalb kein besseres Los verdiene, als vernichtet zu werden.

---

[4]) Kampschulte I. 125.
[5]) Erl. Ausg. 24 S. 150 f.

Die religiöse Toleranz.

Die Besprechung der Bücherzensur veranlasst zu einigen Bemerkungen über die Toleranz der einzelnen Reformatoren. Ganz sicher war hier Zwingli wiederum der weitherzigste.[1] Seine Ansicht über katholische Bücher haben wir oben kennen gelernt. Das oberste Prinzip, das er vertrat, lautete: Man muss den Leuten Zeit lassen, wenn man sie zu überzeugten Evangelischen machen will. Von diesem Gesichtspunkte aus begrüsst er direkt das Zusammenleben beider Konfessionen, es ist das beste Mittel, um die Superiorität seiner Lehre darzutun, und um Rom gegenüber einen freieren Standpunkt zu dokumentieren.[2] Um mit seinen Gegnern fertig zu werden, musste man sie zuerst kennen lernen, das hatte er an sich selbst zur Genüge erfahren. Die Toleranz Zwinglis zeigt sich ausser in dem Briefe an die Nürnberger in seinem Verhalten gegen die in Zürich gebliebenen römischen Kleriker. Jedenfalls steht auch die Abnahme der Todesurteile und Hexenprozesse mit dieser Seite von Zwinglis Wesen in Verbindung.

Die Bedenkzeit, die Zwingli den Zürchern gab, um sich ohne Zwang von der Richtigkeit der neuen Lehre zu überzeugen, erreichte vorschnell ihr Ende, vermutlich wegen der schlechten Erfahrungen, die er damit machte. Die neue Aera begann mit einer Umfrage an die Magistratspersonen über ihre Stellung zum neuen Glauben, auf sie musste man sich in den „gefaren, unrüwigen zyten" verlassen können. Wer sich von ihnen unwürdig oder zweifelnd erwies, war fürderhin nicht in der Lage, über die „händel, so us dem Göttlichen wort volgtend," zu

[1] Sch. & Sch I. 427 f.
[2] Sch. & Sch. I. 417. Anders und wohl nicht ganz richtig äussert sich Bezold S. 602.

richten, und war in allen Ehren entlassen.[3] [4] Zum Messebesuch glaubte Zwingli keine Berechtigung mehr gelten lassen zu müssen und verbot ihn in der Form eines Sittenmandats,[5] nachdem „uff gehalltnen und volfürten gesprächen und Disputationen in unser ouch unserer lieben Eydtgenossen von Bern statt den iren und andern kundt und offenbar, das die obenangezeigt Mess, imm wort Gotts nitt alein nitt gründt, sunder ouch ein verfürrisch, abgöttisch und imm Bapsthumm ein erstiffte und erdichte sach ist. . ."[6] Ebenso fand Zwingli weiteres Fasten überflüssig und setzte auf beides empfindliche Strafen. Gegen die katholischen Geistlichen, die ihm den meisten Widerstand entgegensetzten, sah er sich endlich auch genötigt, einzuschreiten.[7] Dass Zwingli in allen diesen Fällen sozusagen aus Notwehr handelte, beweisen seine sonstigen Aeusserungen: „Dass Zyt und statt dem christenmenschen underworfen sind, und der mensch nit jnen. . . ."[8] Warum sollte man nicht einmal an einem Sonntag heuen oder mähen; warum kostbare Glasgemälde deshalb zerstören, weil sie Heilige darstellten?[9] Seine tolerante Gesinnung zeigt sich auch in der Art und Weise,[10] wie er die Intoleranz der Sektierer, sowie der eidgenössischen Orte in den gemeinen Herrschaften geisselt (1. Kapellerkrieg).[11]

Luthers Wesen spiegelt sich in seinen Aeusserungen über die Toleranz getreu wieder. Im Prinzip ist er durchaus tolerant. Wie Zwingli,[12] drückt er sich dahin aus, der Glaube unterliege nicht einem menschlichen, sondern lediglich Gottes Richterspruch. Hierbei konstatiert er mit Genugtuung, dass

---

[3] Bullinger II. 32.
[4] Cf. dagegen Egli, Akten 1560, 1832.
[5] Egli, Akten 1853.
[6] Bullinger II. 44.
[7] Bei Stähelin II. 433.
[8] Sch. & Sch. I. 316 f.
[9] Sch. & Sch. II. S. 29 ff.
[10] U. & V. II. 366.
[11] Kolde II. 309 f.
[12] Zwingli war nicht weniger tolerant als Luther, dagegen war er radikaler. Vergl. z. B. Luthers Ansichten in der deutschen Messe bei Richter. KO. I S. 35 ff.

Gott für diejenigen, die im Glauben irren, das ewige Feuer bereit habe. Eigentlich intolerant beginnt Luther erst da zu werden, wo zu dem falschen Glauben des einzelnen noch eine Nachlässigkeit hinzukommt. Wer sich so wenig um seinen Glauben kümmert, dass er nicht einmal den Katechismus studiert, dass er das Vaterunser, den Glauben, den Dekalog nicht auswendig weiss, der verdient auch eine zeitliche Kritik und Strafe: diejenige durch die Obrigkeit. Denn bei ihr liegt gewissermassen die Verantwortung, dass bei den Untertanen alle Voraussetzungen zum richtigen Gottesdienst gegeben sind.

Gar häufig ist aber mit dem falschen Glauben etwas verbunden, das für die Welt schlimmer ist, als er selbst. Die Lästerung oder der Aufruhr. Dass hier Toleranz falsch angebracht ist, ist selbstverständlich. Mit allen ihr zu Gebote stehenden Mitteln dagegen einzuschreiten, ist die erste Pflicht der Regierung. Allein sie soll nicht erst einschreiten, sie soll schon verhüten: So kommt Luther zu der Forderung, dass die Obrigkeit an einem Orte nur eine Lehre dulden soll.[13] Luthers Ansichten über die Toleranz zeigen seine typische Furcht davor, Reibungen herbeizuführen, aber auch seine Fürsorge für das Reformationswerk. Aus dem aufgestellten Satze, die Obrigkeit sei für den Wandel, nicht für den Glauben ihrer Untertanen verantwortlich, leitet er ab, die Obrigkeit habe auf den Glauben, auch auf den falschen, keine Einwirkung auszuüben. Dass Luther hier zu Gunsten seiner Reformation spricht und den Fürsten das Recht nimmt, die alte Lehre zu schützen und die neue zu unterdrücken, leuchtet ohne Weiteres ein.

Von Calvin und seinem System können wir nichts anderes als Intoleranz erwarten, aber seine Intoleranz ist daneben taktlos, sie geht weiter, als vernünftige Argumente sie veranlassen. Holzspalten am Weihnachtstage, Vollziehung der Todesstrafen an Feiertagen der katholischen Kirche und ähnliche Vorschriften sollten für den allein aus der Schrift begründeten Sabbath Stimmung machen. Taufnamen sollten möglichst wenig an Heilige oder an Heiden erinnern. Ein anderer Glaube als der

---

[13] Erl. Ausg. 4, 290 f. (2. Aufl.).

von Calvin gelehrte war innerhalb der Genfer Mauern unmöglich. Selbst Fremde mussten sich, wenigstens äusserlich, den Kirchengeboten unterziehen. Die beste Illustration für Calvins Intoleranz dürfte der Prozess Michael Servets sein. Stehen ihm auch in der Zürcher Reformation leider würdige analoge Fälle (die Hinrichtung Marx Wehrlis) zur Seite, so ist Servets Hinrichtung doch viel eher als eine konsequente Durchführung von Calvins Forderungen und seinen Ideen anzusehen. Das System des Genfer Reformators verlangte die rigoroseste Durchführung des Glaubenszwangs! Er und zu seiner Unterstützung und Handreichung der Staat waren von Gott zur geistlichen Lenkung Genfs ausersehen. Dessen Zutrauen durfte nicht zu nichte werden, seinen indirekten Anordnungen musste sich jeder Gedanke, jeder Wille beugen.

Verschiedene Umstände vermögen allerdings das Urteil über Calvin hierin etwas zu mildern. Besonders sind die fortwährenden Kämpfe und Reibereien nicht zu vergessen, die er mit seiner Obrigkeit durchzufechten hatte. Waren sie auch grösstenteils selbstverschuldet, mussten sie doch mit der Zeit eine gewisse Bitterkeit herbeiführen. Es ist schwer, Calvins blosse Forderungen von seinen tatsächlichen Anordnungen zu unterscheiden. Manche seiner Massnahmen müssen als Reaktionen gegen die vielen Hindernisse, die man ihm in den Weg legte, aufgefasst werden.

Staat und Kirche.

Nachdem wir die einzelnen Arbeitsgebiete von Staat und Kirche besprochen haben, wird es sich darum handeln, gleichsam als Zusammenfassung über die gegenseitige Stellung der beiden Gewalten generell zu sprechen.

Luther empfiehlt seinen Mitstreitern für das Reformationswerk, beide Gewalten streng zu scheiden [1]: „Primum cum certum sit, duas istas administrationes esse distinctas et diversas, nempe ecclesiasticam et politicam, quas mire confudit Satan per Papatum: Nobis hic acriter vigilandum est, nec committendum, ut denuo confundantur, nec ulli cedendum, aut consentiendum, ut confundat." Weil Luther eine eigentlich organisierte Kirche nicht kennt, vermissen wir eine gleichwertige Behandlung der beiden Gewalten. Weil sein Werk noch nicht so weit gediehen war, wie dasjenige Zwinglis und Calvins, findet sich erst ein Verhältnis vor zwischen der Obrigkeit und dem Christen, als Geistlichen oder gewöhnlichen Gläubigen. Nur dann lässt sich deshalb von Luther etwas über seine Ansicht vernehmen, wenn praktische Vorfälle ihn dazu zwingen. Solche, bei denen die Frage der Stellung des Staates zur Kirche prinzipiell und generell entschieden werden musste, sind aber bei Luther sehr selten und somit ist man fast ganz darauf angewiesen, Rückschlüsse zu ziehen.

Das höchste Ziel, das Staat und Kirche erreichen konnten, war die möglichste Annäherung beider an das ideale Verhältnis, das sie in der Bibel einnehmen. War das erreicht, so bot diese die Lösung für jede Streitfrage. Dann traf zu, was Luther

---

[1] De Wette IV. S. 105 f. Juli 21. 1530.

in seiner Schrift an den Adel ausdrückte, dass beide als Gliedmassen zu dem einen Körper gehörten, dessen Haupt Christus sei.[2])

Nie ist unsere Frage für Luther Macht- oder Prinzipienfrage gewesen, stets hatte sie eine praktische, aktuelle Bedeutung. Immer standen höhere Interessen auf dem Spiel als nur die Hegemonie der einen Macht über die andere. Er hat sehr wohl erkannt, dass jeder Streitfall, der ihm zu Ohren kam, einer individuellen Behandlung bedurfte. Solange er keine prinzipielle Lösung brachte, brauchte er nicht alles über einen Leist zu schlagen. Die Anpassung an das biblische Ideal forderte bald diese, bald jene Entscheidung. So verschieden, ja so paradox diese auch waren, immer waren sie doch die Befolgung einer Forderung oder Vorschrift der Bibel.

Luther wird oft eine Wandelung seiner Ansichten über das Verhältnis von Staat und Kirche nachgewiesen[3]): Der Uebergang von einer freien, unabhängigen Kirche zum landesherrlichen Kirchenregiment. Seine persönliche Ueberzeugung hat sich dabei keineswegs geändert, nur verlangten die Verhältnisse im einzelnen Fall eine andere Behandlung, wenn Staat und Kirche dem biblischen Ideal näher gebracht werden sollten. Besonders lag die Verschiedenheit seiner Anordnungen in den verschieden gearteten Ländern und Städten begründet, die in den Fall kamen, seine Ratschläge einzuholen oder ihn sonst zu Meinungsäusserungen zu veranlasssen. Weitaus der grösste Teil der bei Luther auffälligen Widersprüche ist also dem Umstande zuzuschreiben, dass er nicht, wie Zwingli und Calvin, kleine Gemeinwesen mit straffer Organisation vor sich hatte, sondern als geistlicher Leiter über vielen heterogenen Staatsgebilden stand.

So abgeklärt wie diejenigen Zwinglis und Calvins waren Luthers Ansichten und Absichten ja niemals, häufig hat er auf den ersten Wurf nicht das Richtige getroffen und zwar vor allen Dingen in theoretischen, prinzipiellen Erörterungen, die sich vereinzelt in seinen Werken finden. So hat er denn zunächst das Heil beider Mächte in einer völligen Unabhängig-

---

[2] Erl. Ausg. 21, 283.
[3]) Z. B. Schenkel 218. Cf. Sohm S. 587 Anm. 2.

keit voneinander gesehen. Das Verhältnis der römischen Kirche zum Staate hatte ihn dazu veranlasst. Bald kam er aber zu der Ueberzeugung, dass die Kirche nicht im Stande sei, sich zu ihrem Vorteil selbständig zu erhalten und dass der staatliche Schutz und die staatliche Mithülfe sie nicht daran hinderten, ihre volle Pflicht zu tun, wenn für diese Mithülfe des Staates nur der Wille Gottes und nicht das Verlangen und Fordern der Kirche massgebend war. Das letztere war eben vor der Reformation der Fall gewesen. Luther hat also den Staat zunächst von der Oberherrschaft der Kirche befreit und als Gehülfen der Kirche, der Oberherrschaft des göttlichen Willens, unterstellt.

Was für Luthers Vorgehen sehr bezeichnend ist, das ist seine persönliche Stellung zur Obrigkeit.[4]) Zwingli und Calvin waren die ersten Ratgeber ihrer Staaten, Luther eine solche Rolle beizulegen, wäre ein grosser Irrtum. Wir kommen dazu, ihm jedes selbständige politische Interesse abzusprechen. Der Staat, die Behörden, die Fürsten interessieren ihn nicht als Körperschaften und Personenverbände mit diesen oder jenen Kompetenzen und Aufgaben, sondern nur als Subjekte mit Pflichten vor Gott. Hier setzt des Staates Fähigkeit ein, hier hat er zum Rechten zu sehen. Wir können also unsere Behauptung, dass Luther lediglich aktuelle Fragen behandelte und um ihrer willen allein eine Abklärung des Verhältnisses von Staat und Kirche wünschte, dahin weiter einschränken: Die einzelnen praktischen Fragen mussten den Menschen und sein Heil angehen. Auch in seiner Beurteilung des Verhältnisses von Staat und Kirche war Luther Seelsorger. Immer finden wir daher die Betonung des erzieherischen, Gott entgegenführenden Faktors im Staate und die Behauptung, dass die Menschen eigentlich ihrem Ursprung nach gut seien. Aus diesem Grunde kommt Luther dazu, die äussere staatliche Ordnung als ein notwendiges Uebel zu bezeichnen. Der Staatsorganismus stellt nach ihm eine Art von organisierter, erzwungener Nächstenliebe dar: Die gegenseitige Hülfe, die der Mensch seinem Mit-

---

[4]) Cf. den besonderen Abschnitt S. 93.

menschen leisten sollte, die er aber vernachlässigt, besorgt die Gesamtheit durch die Obrigkeit. Aus diesem letzteren Satze leitet er ein Verbot ab, die Obrigkeit zu kritisieren. Das gebührt Gott allein. Der Einzelne hat genug mit der Selbstkritik zu tun.

Daraus folgert Luther wiederum die Forderung des stillen Ausharrens unter einer unchristlichen, schlechten Obrigkeit, ja selbst des freudigen Mitarbeitens bei Leistungen, die eine solche von dem Christen verlangt.[5])

Einen sogen. christlichen Staat kennt eigentlich Luther kaum, er kennt nur einen solchen, der seine Pflicht tut, der seinen Posten, auf den er sich bewusst oder unbewusst von Gott gestellt sieht, treu versieht. Deshalb sehen wir ja Luther auch davor warnen, hinter der Regierungsarbeit etwas besonders Nützliches oder gar Unentbehrliches zu sehen. Das Verantwortlichkeitsgefühl der Obrigkeit soll ein rein menschliches sein.[6]) Von der obersten Anforderung an den Menschen, Gott gehorsam zu sein, zeugt auch Luthers Forderung, dass der Christ Alles zu übernehmen habe, was ihm die Obrigkeit überträgt. Dies soll er auch bei Aufträgen tun, die ihm sonst verboten sind.[7])

Eigentlich hat der Christ ja die Obrigkeit nicht nötig. Allein um seiner weniger fortgeschrittenen Mitbürger willen, die eines guten Beispiels bedürfen, unterzieht er sich willig ihren Anordnungen. Es passt genau zu Luthers Forderung der „Perfectio Christiana", dass er den Christen auch mit der unangenehmen Seite des Untertanenstandes zu versöhnen sucht, indem er diesen als eine der vielen Anfechtungen bezeichnet, denen man auf Erden ausgesetzt ist.

Wir haben oben erwähnt, dass Luther die möglichste Annäherung an das biblische Ideal seinem Staat und seiner Kirche als Ziel setzte. Diese Forderung will zugleich Kompetenzkonflikten vorbeugen. Um selbst möglichst vollkommen zu werden, hat jeder vor seiner Türe zu wischen und seine Auf-

---

[5]) Erl. Ausg. 24, 373; 43, 136 f.; 51, 410 ff.; 52, 99 ff.
[6]) Erl. Ausg. 41, 141 f.
[7]) Erl. Ausg. 24, 212, 277.

gaben zu lösen. Er findet keine Zeit für Dinge, die ihn nichts angehen. Es ist das Gebot des passiven Verhaltens bei allen Schikanen, die den Christen von aussen her treffen können. Zuerst hat er sein Augenmerk auf ein genaues Befolgen seiner Christenpflichten zu richten. Diese zeigen ihm, dass es auch bei der schwersten Anfechtung einen Ausweg gibt, das Gebet. Ueberall betont Luther teils ausdrücklich, teils durch seine Massregeln, wie gering doch die weltlichen Misstände seien im Vergleich zu den Gefahren der Seele; wie wenig es sich daher passe, um weltlicher Unbill willen aufrührerisch zu werden, geistliche aber ruhig zu ertragen.[8]

Dem Vertreter der Kirche steht der Vertreter des Staates gegenüber, dem Christen der Untertan. Der letztere ist dem ersteren inferior, der Christ ist eben der Untertan, der bestrebt ist, in allem seinem Tun und Lassen der „Perfectio Christiana" nachzuleben.[9] Die Untertanen dagegen, die nicht zugleich den Namen „Christen" verdienen, sind jene Bösen, um derentwillen die Obrigkeit überhaupt da ist. Der Staat versieht also Gott gewissermassen denselben Dienst, wie die Kirche, nur an weniger geeigneten Objekten, deshalb sind auch die Strafen, die ihm zur Verfügung stehen, andere, physisch fühlbare. So kommt es, dass Luther verschiedentlich betont: „Die Christen kann man mit Nichten, ohne allein Gottis Wort regieren."[10] So gut wie die Kirche die Organisation aller Guten bildet, ist der Staat die Organisation nicht d e r Bösen, sondern zur Besserung der Bösen. Hier erhebt sich nun die Frage nach einer Unterscheidung der Guten und Bösen, d. h. derjenigen, die zu ihrer Vollendung des Staates bedürfen und derjenigen, die ihn entbehren können. Die Entscheidung darüber ist den Menschen unmöglich. Allein der Staat verfolgt ja dieselben Ziele wie die Kirche und somit ist es nicht schlimm, sondern im Gegenteil von grossem Nutzen, wenn die Christen gewissermassen als ein Stamm von vorbildlichen Menschen im Staate mitmachen.

[8] Cf. Erl. Ausg. Bd. 16, 197 ff. (2. Aufl.).
[9] Cf. Erl. Ausg. 4, 290 f.
[10] Erl. Ausg. 22, 94.

„... Gleichwie man ein wild böse Thier mit Ketten und Banden fasset, dass es nit beissen und reissen kann, nach seiner Art, wie wohl es gerne wollt; dess doch ein zahm korre Thier nicht bedarf, sondern ohn Ketten und Band dennocht unschädlich ist. Denn wo das nicht wäre, sintmal alle Welt böse, und unter 1000 kaum ein recht Christ ist, würde eins das ander fressen, dass niemand kunnt Weib und Kind ziehen, sich nähren und Gotte dienen, damit die Welt wüste würde. Darumb hat Gott die 2 Regiment verordnet: Das geistliche, welchs Christen und frumm Leut macht, durch den heiligen Geist unter Christo; und das weltliche, welchs den Unchristen und Bösen wehret, dass sie äusserlich müssen Fried halten und still sein ohn ihren Dank. Also deutet St. Paulus das weltlich Schwert, Röm. 13, 3 und spricht: Es sei nicht den guten, sondern den bösen Werken zu furchten. Und Petrus spricht 2 Petr. 2, 14: Es sei zur Rach über die Bösen geben."[11]

Das richtige Verhältnis zwischen Staat und Kirche liegt dann vor, wenn die Christen ohne in der Erstrebung des ewigen Heils behindert zu sein, ihr Leben im Staate führen können und wenn umgekehrt der Staat an der Erledigung seiner Aufgaben arbeiten kann, ohne beständig von der Kirche korrigiert und gestört zu werden.

Die wahren Christen Luthers waren utopische Gestalten und somit war es auch seine Kirche. In seinem Gott vertrauenden Idealismus hatte er ihnen zu viel zugemutet. Und so kam denn für seine Reformation bald eine Aera des Wankens und Tastens, die nicht so bald sicheren Verhältnissen weichen sollte. Die Kirche, die Luther als Notbehelf zur Förderung des Reiches Gottes auf Erden bezeichnet hatte, bedurfte nun selbst der Förderung und Unterstützung von aussen, um ihrer Aufgabe auch nur einigermassen zu genügen. Zu dieser Hülfe sehen wir Luther kein Mittel unversucht lassen. Aber ein weit angelegter Plan war seine Sache nicht. Er flickte hier, flickte dort, pochte bei Fürsten, Bauern an, warb um die Gunst der einen und der andern, um eines kleinen Zugeständnisses willen und um sie

---

[11] Erl Ausg. 22, 68. Cf. auch De Wette II. 405.

zunächst überhaupt für seine Kirche zu interessieren. Von dem Bewusstsein erfüllt, dass die Kirche etwas geistliches sei, empfiehlt er den Christen die weitgehendste Anpassung an die Institutionen der Aussenwelt.

Endlich glaubte Luther das beste Mittel gefunden zu haben, es war die Anlehnung der Kirche an die weltliche Obrigkeit. In Zeiten, wo er sich gar nicht mehr zu helfen gewusst hatte, hatte er angefangen, die Fürsten an ihre Herrscherpflichten zu erinnern. Aus gelegentlichen blossen Andeutungen erwuchs bald ein energisches Aufgebot der „Grossen", begleitet von seinen üblichen Drohungen und Ausfällen. Freilich, es war ihm nicht leicht geworden, die Obrigkeit zur Erfüllung seiner Wünsche herbeizurufen, bei jeder Gelegenheit betont er deshalb seine Unabhängigkeit von ihr. Es ist auch zu beachten, dass zwischen dem Staate, den er zur Sanierung der kirchlichen Verhältnisse herbeiwünschte, und demjenigen, mit dem die Kirche später gemeinsam leben sollte, ein gar grosser Unterschied ist.

Kaum hat Luther der Kirche ihre Selbständigkeit dem Staate gegenüber genommen, so sehen wir ihn, sich gegen staatliche Uebergriffe verwahren. Die Gesetze der Obrigkeit erstrecken sich nicht weiter, als über „Leib und Gut und was äusserlich ist auf Erden". Leider dehnen die Fürsten ihre Kompetenz oft weiter aus, sie lassen sich nicht damit genügen, die weltliche Seite des Staates zu lenken und den kirchlichen Geboten als von Gott herkommend Nachdruck zu verschaffen, sie wollen sogar Christentum „lehren und meistern".[12]) Das geht nicht an.

Allein Luther ist weit davon entfernt, nur die Obrigkeit der Kompetenzüberschreitung zu zeihen, auch auf der Seite der Christen wird hierin schwer gefehlt. Luther muss sich da Vorwürfe gefallen lassen, die er nicht immer auf die „falschen Pfaffen und Rottengeister" abwälzen kann.[13])

Wie er selbst schreibt, hat er die Obrigkeit zum höchsten Ansehen gebracht, indem er sie von dem Vasallenverhältnis zu Rom löste. Er hat sie aber nicht absolut unabhängig gemacht,

---

[12]) Cf Erl. Ausg. 16, 199 (2. Aufl.); 22, 62, 82 f., 85.
[13]) Erl. Ausg. 39, 326.

sondern sie dem göttlichen Weltregiment unterstellt, indem er von ihr die bestmögliche Erfüllung ihrer Pflichten verlangte.

Wir haben schon angedeutet, dass diese Pflichten nicht immer dieselben gewesen sind. Lange war auf die Obrigkeit kein Verlass, ihre Mithülfe beim Reformationswerk äusserst fraglich gewesen. Die Verschiedenartigkeit der einzelnen Staatsgebilde hatte die der geschlossen auftretenden römischen Kirche wegen so nötige Einheit der Lehre fast verunmöglicht. Luther hatte deshalb die Kirche auf eigene Füsse zu stellen gesucht, die Pflichten des Staates hatten das religiöse Gebiet weniger berührt. Als Luther dann die Unmöglichkeit der Durchführung einer selbständigen Kirche einsah, als er sich entschlossen hatte, auch in dieser Aeusserlichkeit von Roms Vorbild abzusehen, da zeigte ihm der gute Wille einiger Fürsten den Weg, den er gehen sollte. Die Obrigkeit wurde zur Beaufsichtigung der Gläubigen mitherangezogen, sie wurde mit der Durchführung der göttlichen Befehle betraut. Hatte sie das schon vor der Reformation getan, so war es auf Geheiss der römischen Kirche geschehen. Nun aber geschah es auf Geheiss Gottes. Die Obrigkeit gehört zur Kirche, sie ist ein Teil des kirchlichen Apparates, wie der Gläubige, der Geistliche und die Gemeinde. Zwischen diesen Faktoren besteht eine Art Wechselwirkung. Je mehr z. B. der Staat zurücktritt, desto grösser wird die Aufgabe des Lehrstandes u. s. w. So hat sich bei Luther nicht das Verhältnis des Staates zur Kirche geändert, wohl aber die Kirche. Mit ihrem Namen bezeichnet Luther nunmehr alle Institute, die das Reich Gottes auf Erden irgendwie fördern. Das landesherrliche Kirchenregiment erkennt in dem Landesherrn einen Diener Gottes.

Dadurch waren allerdings die Kompetenzfragen nicht aus der Welt geschafft. Sie waren im Gegenteil noch akuter geworden und Luther verhehlt sich nicht, dass sein neues Regime weit davon entfernt sei, vollkommen zu sein.

Früher wurde mit Bezug auf Luther bemerkt, dass seine Haupttätigkeit in der Abwehr falscher Auffassungen und Auslegungen seiner Reformen bestand. So auch hier. Es beginnt eine Aera, wo Luther dem Staate kein gutes Haar lässt, wo er den ungebührlichen Diener Gottes in seine Schranken zurückweist. Da spricht es Luther aus, dass die weltliche Obrigkeit keine Gewalt habe, die Seelen zu schützen, das Lehramt auszuüben, dass sie über das Geistliche nicht Obrigkeit sei u. s. w. Hier zeigt sich deutlich, wie er sich mehr denn jeder andere Reformator erst durch die Extreme veranlasst sah, seine Meinung darzulegen, und das ist hinwiederum ein Indizium dafür, dass Luther sein Werk über den Kopf gewachsen war.

Luther war immer Partei. Nie ist er dazu gekommen, objektiv das Verhältnis von Staat und Kirche abzuwägen. Seine Aeusserungen haben immer korrigierenden Charakter. Dies und das ständige Bestreben, sich von Rom zu befreien, geben seinen Ansichten oft unerwartete Wendungen. So insbesondere, wenn er zeitweise betont, dass Ketzerei und Unglaube die Obrigkeit nichts angehen.[14]) Kaum hat er es ausgesprochen, sieht er sich auch gleich wieder zu Einschränkungen veranlasst, die nahe daran sind, die früheren Aeusserungen zu annullieren.[15]) [16])

Drei Umstände haben unabhängig von den historischen und örtlichen Verschiedenheiten Luthers Stellungnahme zum Verhältnis von Staat und Kirche beeinflusst:

Der Grundgedanke, der alle seine Aeusserungen durchzieht, dass der Mensch sich in jeder Lebensstellung möglichst an das anzunähern habe, was Gott von ihm fordert.

Sein Bestreben, alles zu vermeiden, was an die katholische Kirche anklang.

Die Unmöglichkeit, den Anforderungen des immer weiter sich ausdehnenden Reformationswerks zu genügen und daraus resultierend eine häufige Unentschlossenheit und Planlosigkeit.

Zwinglis Stellung zum Problem des Verhältnisses von Staat und Kirche unterscheidet sich von derjenigen Luthers insbesondere durch ihre Planmässigkeit, sowie dadurch, dass er nicht alles neu machen zu müssen glaubte, sondern von den

---

[14]) Erl. Ausg. 22, 90, 93.
[15]) Cf. z. B. Erl. Ausg. 39, 226 f., 250, 252.
[16]) De Wette III. 89 f. Dieckhoff 186 ff.

Verhältnissen, die er antraf, das Gute und Praktische benützte. Wir dürfen nicht vergessen, dass Zwingli schon einen Teil seiner früheren Tätigkeit dem vorbereitenden Studium der Reformation gewidmet hatte und dass er in Zürich einen gut bearbeiteten Boden für sein Werk fand. Seinen Abfall von Rom finden wir deshalb nicht in dem Masse ausgeprägt, wie bei Luther, der die damalige „Los von Rom-Bewegung" zunächst in Gang zu bringen hatte.

Was Zwingli ferner von Luther unterscheidet, ist, dass er durch sein Reformationswerk ebenso sehr das praktische, öffentliche, wie das kirchliche Leben von der römischen Abhängigkeit befreien wollte, während Luther bekanntlich in erster Linie die religiöse und sittliche Seite des Lebens reformbedürftig schien. Weil Zwingli einsah, dass zur Erlangung eines sittlich hohen Niveaus die Mithülfe der Kirche, wie des Staates unentbehrlich seien, sobald diese im Sinne Christi arbeiteten, sorgte er stets dafür, dass beide Kräfte miteinander auskamen, ja sich gegenseitig unterstützten. Bei Zwinglis Reformation allein lässt sich von Staat und Kirche sagen, dass sie parallel und unabhängig voneinander arbeiteten, weniger die Förderung des Reiches Gottes, als eine menschliche Wohlfahrt auf Grund der heiligen Schrift im Auge. Zwingli wird nicht selten als der Reformator bezeichnet, der das Staatskirchentum eingeführt habe. Die Anlagen zu einem solchen waren, wie uns Eglis Aktensammlung auf den ersten Seiten zeigt, schon vor Zwinglis Ankunft in reichem Masse vorhanden. Seine Aufgabe bestand nun darin, die beidseitigen Funktionen richtig abzustimmen und damit Dissonanzen zu verhüten. Dies hat er meisterhaft durchgeführt, unterstützt von der anerkannt tüchtigen Zürcher Regierung. Ihr übertrug Zwingli, indem er den Umfang seiner Kirche zugleich auf ihr Herrschaftsgebiet festsetzte, alles administrative und ökonomische an der Kirche, daneben sich und seinen Amtsbrüdern eine der Obrigkeit unentbehrliche Beraterstelle schaffend. Aber nicht tyrannisch, nicht absolut sollte dieses Regiment betrieben werden, in der weitgehendsten Weise gewährte er weltlichen und geistlichen Untertanen Gelegenheit, Zweifel und Bedenken zu äussern.

Von Zwinglis System lässt sich sagen, dass es nur für ihn selbst geschaffen war. Zur steten Balanzierung der beiden Kräfte bedurfte es eines unabhängigen, auf beiden Gebieten gleichmässig bewanderten Mannes.

Die Rücksicht, die Zwingli auf die katholische Kirche zu nehmen hatte, war naturgemäss eine ganz andere und sozusagen viel weniger ernst zu nehmende, als bei Luther. Von der beinahe abergläubischen Furcht, die dem Gang der Ereignisse in Deutschland manchmal gefährlich zu werden drohte, finden wir bei Zwingli keine Spur. Der Papst hatte durch seine Militärkapitulationen mit Zürich, durch das enge Freundschaftsverhältnis, das ihn mit einigen Zürcher Familien verband, dafür gesorgt, dass er selbst weit eher als weltliche Gewalt, denn als kirchliche Macht aufgefasst wurde. Was Zwingli mit seiner Kirche brachte, war nicht bloss der verinnerlichte, ursprüngliche Glaube und deshalb Vielen etwas durchaus Neues. Gerade das Nationalisieren der Kirche, das absichtliche Negieren jedes Abhängigkeitsverhältnisses von Rom musste den Politikern jener Zeit sehr gefallen und hat wohl mit das seine dazu beigetragen, Zwinglis kirchliche und politische Autorität zu heben. Erst nachdem er seine Zürcher völlig isoliert hatte und ihnen dadurch unentbehrlich geworden war, konnte Zwingli seine Reformation vollständig zur Verwirklichung bringen, darin ähnelt sein Vorgehen demjenigen Calvins. Dass er dabei den Staat und die Kirche in gleicher Weise interessierte, war ein Gebot seiner berechnenden Klugheit.

Die Behauptung, dass in Zürich Staat und Kirche gleichberechtigt nebeneinander gingen, bedarf einiger genaueren Erklärungen: Aeusserlich schien ja der Staat alle Gewalt in Händen zu haben, er hatte das Erbe des Bischofs von Konstanz angetreten, dessen finanzielle Rechte und Pflichten übernommen und damit der römischen Kirche der damaligen Zeit in Zürich die Existenzmöglichkeit entzogen. Die Kirche hätte sich damit ganz dem Staate ergeben gehabt, wenn nicht Zwingli dagewesen wäre. Er lehrte die Obrigkeit, die er eben vollends von Rom befreit hatte, den richtigen Gebrauch ihrer Freiheit.

Wohl war es der Staat, der alles anordnete, auch auf dem kirchlichen Gebiet,[17]) aber der Staat war nicht ein gewöhnlicher, sondern ein christlicher Staat. Das obrigkeitliche Gebot in Kirchendingen war nicht ein menschlicher Einfall, dem weltliche Macht Zwangsgewalt verleiht, es war der Ausfluss göttlichen Willens, den die Obrigkeit zu des Staates und ihrem Besten mit Nachdruck aussprach. Wenn also die weltliche Obrigkeit äusserlich betrachtet ganz eigenmächtig kirchliche Dinge befahl, so waren doch gleichzeitig der Kirche die grössten Konzessionen gemacht: Sie trat mitbestimmend auf, bevor die Obrigkeit ihren Willen kund tat. Ein allfälliger Kampf zwischen Staat und Kirche war also schon entschieden, bevor das Publikum eine Anordnung erhielt. Darauf beruht ganz gewiss, dass Zwinglis Reformation den Eindruck des Geregelten und Durchdachten macht. Meinungsverschiedenheiten wurden durch gegenseitiges Entgegenkommen so viel als möglich verhindert, kamen sie doch vor, so wurden sie nicht so sehr an die Oeffentlichkeit getragen wie in Genf.

Auf diese Weise gelang es Zwingli, die staatlichen und kirchlichen Interessen aufs Engste miteinander zu verknüpfen, der Staat fühlte sich selbst[18]) nach und nach dafür verantwortlich, dass Gottes Huld auf Zürich ruhe. Auch bei Zwingli kann man deshalb eigentlich nicht von einer Kirche sprechen. Die Geistlichen sind Staatsbeamte, ihre Obliegenheiten sind vom Staate geregelt, sie bilden nichts, was dem Staate als Nebenbuhler gegenübertreten könnte.

Die Gleichstellung von Staat und Kirche ist daher eher eine chemische Verbindung zu nennen, das neue Gebilde heisst zwar auch Staat, enthält aber auch alle brauchbaren Eigenschaften der Kirche. Die unbrauchbaren, äusserlichen Eigenschaften sind durch die Verbindung frei geworden. In diesem Sinne will das unabhängige Nebeneinanderarbeiten aufgefasst sein.

---

[17]) Z. B. staatl. Vorschriften über das Abendmahl. Sch. & Sch. II.⁹ S. 232 und 358.

[18]) In Genf musste das eben dem Staate immer gesagt werden.

Der Vergleich des tatsächlichen Verhältnisses von Staat und Kirche mit einer chemischen Verbindung hinkt insofern, als die letztere dauernd in dem neuen Zustande zu verbleiben pflegt, das Ineinandergehen von Staat und Kirche in Zürich aber blieb es nur solange, als Zwingli am Ruder war, solange er die Voraussetzungen schaffte. Darüber hat sich Zwingli einer gewissen Täuschung hingegeben. Er unterschätzte den Faktor seiner eigenen Persönlichkeit in der Harmonie beider Gewalten.

Im reformierten Zürich trat die Kirche gar nicht an die Oeffentlichkeit. Alles ging vom Staate aus. Aber aus manchem Mandat spricht ganz deutlich die Kirche, die Obrigkeit hat ihr nur die Form geliehen: „Im Namen gemeiner Kilchen, anstatt gemeiner Kilchen" u. s. w. Durch sie und mit ihr unterstützte eben die Obrigkeit die kirchlichen Interessen, zugleich die allgemein politischen Interessen im Auge behaltend. Diese letzteren zu betonen, war Zwingli hauptsächlich durch die Wiedertäufer genötigt. Diese betrachteten den Staat nicht nur als schädlich für die Kirche, sondern bezweifelten seine Existenzberechtigung für Christen überhaupt. Mit seiner Stellungnahme zu Staat und Kirche hielt Zwingli die Mitte zwischen den beiden extremen Strömungen, den Wiedertäufern und Rom. Letzteres wollte durch einen Druck auf das äussere Leben, den es dem Staate übertrug, das innere Leben zur Vollkommenheit führen, die ersteren wiederum glaubten durch das richtige Christenleben den Staat als Regulator des sozialen Zusammenseins entbehrlich machen zu können. Zu der ersteren Ansicht neigt Calvin, zu der letzteren Luther, wenn auch vielfach aus anderen Gründen. Zwingli allein unterscheidet konsequent das Wirken beider Faktoren zur Erreichung des gemeinsamen Zieles und belässt jedem seinen angemessenen Spielraum.

Dieses gemeinsame Ziel verdient ganz besonders betont zu werden. Wie ganz anders als z. B. bei Calvin ist es doch aufzufassen, wenn wir Zwingli den kirchlich Fehlbaren auch soziale Strafen erleiden lassen sehen. Die Obrigkeit straft ihn, weil er Gott gegenüber sich verfehlte, und weil sie in der Verletzung der göttlichen Gebote auch ihre Zwecke hintangesetzt sieht.

Sie straft ihn nicht, wie in Genf, um der Kirche zuliebe den Sünder mit wirksamen Strafen gefügig zu machen in einem Gebiet, wo sie sonst grundsätzlich nichts zu sagen hat.

Oft[19] schon ist Zwingli vorgeworfen worden, dass er in seinem Verhältnis von Staat und Kirche das Gemeindeprinzip so wenig verwirklicht, und die Selbständigkeit der Gemeinde lediglich auf den Bann beschränkt habe.[20] War diese Selbstständigkeit nicht am Ende ein blosser ausdrücklicher Gegensatz zu dem bisherigen Regime? War sie nicht eine zunächst praktisch unerprobte Anlehnung an die Verhältnisse der ersten Christenheit? Wiedertäufer und unruhige Köpfe in der Zürcher Bauernschaft mochten ihn dazu veranlassen, zunächst gänzlich auf dem Boden des praktisch Durchführbaren zu bleiben. Dazu kam, dass der Zustand, den Zwingli schuf, nicht der bleibende sein sollte. Gleich den Idealzustand herbeizuführen, unterliess er aus Gründen der Vorsicht. Viele Dinge sehen wir der Obrigkeit anheimgestellt, bloss weil sie zunächst allein die zuverlässige Macht war.[21]

Noch ist zu erwähnen, dass bei Zwingli, zum Unterschied von Luther und Calvin, sowohl Staat, als Kirche Erscheinungsformen des Volkes sind, der erstere stellt die lenkende, die letztere die mit Gott verkehrende Seite desselben dar.

Noch erübrigt, eine zusammenfassende Darstellung von dem Verhältnis von Staat und Kirche C a l v i n s zu geben. Seine Lehre war von allem Anfang an am meisten international gedacht. Calvin wollte aus Genf bloss den Ausgangspunkt für sein Werk machen. Dabei war die Genfer Obrigkeit nur eine quantité négligeable, sie durfte auf den Siegeslauf seiner Ideen nicht hemmend einwirken. Konnte man sie nicht völlig ignorieren, so musste man doch ihre Gewalt zu brechen suchen, keineswegs aber durfte man sie mitreden lassen und mit ihr unterhandeln. Das Verhältnis von Staat und Kirche in Genf war also nicht dasjenige des Genfer Staates zur Genfer Kirche,

---

[19]) Z. B. Sohm S. 646.
[20]) Sch. & Sch. I. 334.
[21]) Hundeshagen Beiträge S. 204.

sondern des Genfer Staates zu einer weltumspannenden christlichen Kirche. Calvin hat hier ohne weiteres die katholischen Auffassungen auf die neuen Verhältnisse übertragen. Deshalb mussten ihm auch die in Genf vorgefallenen Exzesse unter Farel zeigen, dass die **Obrigkeit** gefehlt habe und zunächst auf richtige Bahnen zu lenken sei. Dass sich der Genfer Rat das nicht gefallen lassen wollte, war Calvin unbegreiflich. Noch unbegreiflicher aber seine Forderung, als mindestens ebenbürtige Macht wie die Kirche behandelt zu werden. Staat und Kirche einander gegenüber zu stellen, war schlechterdings unmöglich.[22])

Die Schwierigkeiten, die der Genfer Rat ihm bereitete, nötigten den Reformator, sich irgendwie mit demselben auseinander zu setzen und dabei kam es zum Kampfe, zum Kampfe zwischen den Vertretern der allgemeinen christlichen Kirche, d. h. der Sache Gottes, und dem Staate Genf. Calvins Aeusserungen über Staat und Kirche sind deshalb mit aller Vorsicht aufzunehmen. Sie enthalten immer Angriffe oder Repressalien und sind häufig exalteriert. Dazu trug noch ein Umstand bei. Calvin hatte bald eingesehen, dass eine reine Theokratie, wie er sie sich vorstellte, in Genf nicht einzuführen sei. Er konnte und durfte die Obrigkeit in Genf nicht zu Gunsten der Kirche aller ihrer Funktionen berauben. Er musste sich mit einer Theokratie zufrieden geben, die auf den äusseren Schein verzichtete und anstatt die Kirche herrschen zu lassen, musste es Calvin genügen, den Staat durch sie wesentlich beeinflusst zu sehen. Sehr häufig sehen wir ihn z. B. von einer strengen Trennung der Gewalten sprechen und damit den Schein unparteiischer Stellung erwecken[23]): „Et que tout cela se face en telle sorte, que les ministres n'ayent aucune iurisdiction civile, et que par ce Consistoire ne soit en rien derogué à l'authorité de la Seigneurie, ni à la justice ordinaire: ainsi que la Puissance divine demeure en son entier: et mesmes, où il sera besoin de faire quelque punition ou contraindre les parties, que les Ministres

---

[22]) Cf. Spiess S. 337 ff.
[23]) Cf. Op. Calv. XIV. 679, an die Zürcher.

avec le Consistoire, ayans ouy les parties et faictes les remonstrances et admonitions telles que bon sera, ayent à rapporter le tout au conseil, lequel sur leur relation advisera d'en ordonner et faire iugement selon l'exigence du cas."[24])

Allen möglichen kleinen Aufgaben, die Calvin dem Staate überträgt, weiss er den Anschein von Konzessionen zu geben.[25]) Spendete er der Obrigkeit Lob, verlangte er von den Gläubigen auch gegen sie gehorsames Verhalten, so war es nur unter dem Gesichtspunkte des Werkzeuges Gottes, das sie darstellte.[26])

Nur wenn die Obrigkeit sich Gottes Befehlen willfährig zeigte, konnte man den Genfer Geistlichen Gehorsam ihr gegenüber zumuten.[27])

Mochten auch alle möglichen kleinen Zugeständnisse den Rat willfährig machen und so Calvins Sache den Weg ebnen, sein grösstes Machtmittel war und blieb doch die private Beeinflussung der Behörden. Warum sollte man nicht der Obrigkeit einen Teil der Kirche zum Verwalten geben, warum sollte man sie nicht z. B. Zahl, Länge und Zeit der Predigten bestimmen lassen, wenn sie dafür geistig in einer Abhängigkeit war, die kaum einen eigenen Gedanken aufkommen liess. In der Bevormundung des Staates zeigt sich Calvin ganz als Anhänger der katholischen Kirche. Auf den blossen Vorschlag in Staatsdingen folgte bald der Zwang, Bitten wandte er nur an, wenn ihm keine andere Wahl blieb, z. B. fremden Fürsten gegenüber.[28])

Allerdings bemerken wir in seiner Beeinflussung der sämtlichen staatlichen Verhältnisse eine gewisse Taktik. Calvin untersucht alles auf sein Bestehenkönnen vor Gott. Alles Menschenwerk hat Mängel, wie leicht also auch hier überall Mängel zu entdecken und zu rügen. Gott gegenüber war der Mensch, re-

---

[24]) Cornelius, hist. Arbeiten S. 381 Anm. 2.
[25]) Richter I. S. 352.
[26]) Spiess 388, 409.
[27]) Cf. Eid der Genfer Geistlichen. Richter I. 343.
[28]) Cf. XIV. 442 an Eduard VI. (4. Juli 1552). XVII. 413 ff. an Elisabeth (15. Jan. 1559).

spektive die Obrigkeit immer im Unrecht. Der Begriff jeder menschlichen Handlung, die nicht mit Gottes Willen übereinstimmte, ging deshalb unter dem Begriff: Beleidigung Gottes = Sünde. Wenn der Staat sie bestraft, so tut er es, weil es sein Zweck ist, weil Gott ihn dazu geschaffen hat, zur Bestrafung der Sünder den physischen Zwang auszuüben. Der Staat spielt von vornherein eine ganz sekundäre Rolle, von einem gegenseitigen Sich ergänzen, wie bei Luther, von einem gewissen Vertiefen aller Staatsmassnahmen, wie bei Zwingli, kann keine Rede sein. Der Staat ist lediglich Arbeitskraft. Calvin hat es leicht, der Obrigkeit zu beteuern, dass er sie nie in ihren Rechten habe verkürzen wollen, die Obrigkeit hat deren in seinen Augen eben keine.[29]) Ganz allgemein hat Calvin seine Ansicht ausgedrückt; „Nam certum est, illa Dei signa data Sacerdotibus plus ponderis habere debuisse, quam quaelibet Regum aut principum insignia vel stemmata. . . ."[30])

Seine Forderung, dass die Glaubensformel von jedem Bürger zu beschwören sei, war nichts als die Forderung eines Untertaneneides Gott gegenüber.

Eine Unterstützung von Seiten des Staates nahm die Kirche nicht an, sie gebot dem Staate unter Androhung des göttlichen Zornes.

Um diesen die Obrigkeit spüren zu lassen, bedient sich Gott nicht selten der Staatsuntertanen. Hier lernen wir eine neue Eigenart der Calvinschen Anschauung kennen. Während bei Luther und Zwingli die Einzelmenschen immer als „Staatsbürger" auftreten, aus deren Mitte hervorgehend die Obrigkeit gedacht ist, finden wir bei Calvin das weltliche Regiment vollkommen isoliert. So sehen wir ihn von der Kanzel herab von der öffentlichen Meinung gegen die Obrigkeit Besitz ergreifen. Auch die Stelle in der Institutio, die von seiner Mission spricht, deutet darauf hin, dass Calvin nicht gekommen sei, um die Obrigkeit über ihre Rechte und Pflichten zu belehren, sondern um dem Volke zu zeigen, was es von seiner Obrigkeit zu erwarten habe.[31])

---

[29]) Cf. Kampschulte II. S. 54.
[30]) Calv. op. XXX. 436.
[31]) Spiess 393.

Auf diese Weise war die Obrigkeit von zwei Seiten her gezwungen, ihm als Sprachrohr zu dienen. Glaubt man nicht geradezu Calvins Stimme zu hören, wenn der Rat beschliesst, „qu'on ouirait plus tels catabaptistes et consorts."[32])

Die Genfer Obrigkeit hatte Calvin und sein Organisationstalent zum Verbündeten haben wollen, sie hatte sich dabei verrechnet; Calvin hat sie nach langem Kampf zu seinem Vasallen gemacht. Nicht dass er dabei die obrigkeitlichen Funktionen seiner Kirche zu übertragen gedacht hätte, das war überflüssig, sobald er eine Obrigkeit geschaffen hatte, die ihm in allen Dingen zu Willen war. In diesem Sinne überliess er das „dernier jugement" stets gerne der weltlichen Behörde.[33])

Calvins Ziel war die Errichtung einer Theokratie, aber nicht in Genf selbst, sondern in Frankreich, in der Christenheit überhaupt. Dazu hatte er sich Genf als Ausgangspunkt gefügig zu machen. In diesem Bestreben liegen alle seine Massnahmen, denn mit dem Genf, wie er es vorfand, liess sich nichts anfangen: Die Kirche hatte er von dem Banne Roms zur Freiheit der göttlichen Gnade zu führen, die Stadt Genf hatte er der Freiheit, die sie sich selbst angemasst hatte, zu berauben und zur Ordnung zu weisen. Seine Aufgaben, die im Grunde dem nämlichen Zwecke dienen sollten, liefen nicht parallel; deshalb sein gewaltsames, oft befremdendes, mit dem wahren Wesen der Theokratie selten übereinstimmendes Vorgehen.

[32]) Choisy S. 22.
[33]) Richter I. S. 351 ff.

www.ingramcontent.com/pod-product-compliance
Lightning Source LLC
Chambersburg PA
CBHW021708230426
43668CB00008B/767